LE CHAT DU DALAÏ-LAMA

David Michie

LE CHAT DU DALAÏ-LAMA

Roman

Traduit de l'anglais par Martin Coursol

Du même auteur, aux Éditions Leduc

Le Chat du dalaï-lama et l'art de ronronner, 2018.
Le Chat du dalaï-lama et le pouvoir du miaou, 2018.
Le Chat du dalaï-lama et les quatre secrets de la sagesse, 2020.
Celle qui parlait avec les chats, 2018.
Le Corgi de la reine d'Angleterre, 2020.

Titre original anglais : *The Dalai Lama's Cat*

Maquette : Patrick Leleux PAO
Couverture : Guylaine Moi
Traduit de l'anglais par Martin Coursol

La présente édition est publiée par :
© 2017 Leduc Éditions
10 place des Cinq-Martyrs-du-Lycée-Buffon
75015 Paris – France
ISBN : 979-10-285-0387-1
ISSN : 2427-7150

En mémoire de notre propre petite Rinpoché,
Princesse Wussik du trône de Saphir.
Elle nous a apporté la joie, nous l'avons tant aimée.
Puisse ce livre être l'origine,
pour elle et tous les êtres vivants,
d'une illumination complète, facile et rapide.
Puissent tous les êtres trouver le bonheur
et les véritables sources de bonheur;
Puissent tous les êtres se libérer de la souffrance
et des véritables causes de la souffrance;
Puissent tous les êtres ne jamais être séparés du bonheur
qui est sans souffrance, la grande joie du nirvana,
la libération;
Puissent tous les êtres vivre en paix et dans la sérénité,
l'esprit libre de tout attachement, de toute aversion,
sans oublier l'indifférence.

PROLOGUE

L'idée m'est venue par un beau matin dans l'Himalaya. Je me tenais là, à ma place habituelle sur le rebord de la fenêtre du premier étage — place qui offre un point de vue idéal, en ce sens qu'elle permet d'assurer un maximum de surveillance pour un minimum d'effort — tandis que Sa Sainteté s'apprêtait à mettre un terme à une visite privée.

Je suis beaucoup trop discrète pour mentionner avec qui la rencontre avait lieu, sauf pour vous dire qu'il s'agissait d'une très célèbre actrice hollywoodienne… vous savez, cette blonde qui aime prendre sa revanche, qui fait du bénévolat auprès des enfants et qui est même reconnue pour son grand amour des ânes. Oui, *elle* !

C'est au moment où elle allait quitter la pièce qu'elle a jeté un coup d'œil par la fenêtre, de sa vue imprenable sur les sommets enneigés, et qu'elle m'a remarquée pour la première fois.

— Oh, n'est-ce pas adorable !

Puis elle s'est avancée vers moi pour me flatter le cou, geste que j'ai accepté avec un énorme bâillement et un léger étirement de mes pattes avant.

— Je ne savais pas que vous aviez un chat ! s'est-elle exclamée.

Je suis toujours étonnée de voir à quel point les gens lui font si souvent la remarque — bien que tous ne soient pas aussi spontanés que les Américains dans leur façon d'exprimer leur étonnement à pleine voix. Et pourquoi Sa Sainteté ne devrait-elle pas avoir de chat — si « avoir un chat » est une juste compréhension de notre relation ?

Au reste, n'importe qui avec un pouvoir d'observation particulièrement aigu devinerait la présence d'un chat dans la vie de Sa Sainteté grâce aux poils égarés et aux rares moustaches que je laisse, expressément, sur sa personne. Auriez-vous jamais le privilège de vous approcher très près du dalaï-lama, et de pouvoir ainsi scruter ses tuniques, que vous découvririez presque assurément une fine mèche de fourrure blanche, ce qui confirmerait que loin de vivre seul, il partage son sanctuaire intérieur avec un chat au pedigree impeccable, quoique peu documenté.

C'est d'ailleurs une telle découverte qui a poussé les corgis de la reine d'Angleterre à réagir si violemment quand Sa Sainteté a visité le palais de Buckingham — un incident dont les médias du monde entier n'ont étrangement rien su.

Mais je digresse.

Après m'avoir flatté le cou, l'actrice américaine a demandé :

— A-t-elle un nom ?

— Oh oui ! Beaucoup de noms, a souri Sa Sainteté de manière énigmatique.

Ce qu'avait dit le dalaï-lama était vrai. Comme beaucoup de chats domestiques, j'ai reçu plusieurs noms, certains d'entre eux étant employés fréquemment, d'autres beaucoup moins. Il y en a un, en particulier, auquel je n'accorde que très peu d'importance. Connu par le personnel de Sa Sainteté comme mon nom d'ordination, c'est un nom que le dalaï-lama lui-même n'a jamais employé — du moins pas dans sa version étendue. Je n'entends pas le révéler de mon vivant non plus. Pas plus que dans ce livre, ça c'est sûr.

En tout cas… *certainement* pas dans ce chapitre.

— Si seulement elle pouvait parler, a continué l'actrice. Elle aurait une telle sagesse à partager…

Et c'est ainsi que l'idée s'est mise à germer dans ma tête.

Pendant les mois qui ont suivi, j'ai observé Sa Sainteté travailler sur un nouveau livre : les nombreuses heures qu'il a passées à s'assurer que les textes étaient bien interprétés ; tout le temps et l'attention qu'il a consacré à vérifier que chaque mot qu'il choisissait conférait le meilleur sens et le plus grand bénéfice qui soient au lecteur. De plus en plus, j'ai commencé à me dire que le temps était peut-être venu d'écrire moi-même un livre, un livre qui transmettrait une partie de la sagesse que j'ai acquise à m'asseoir non pas aux pieds du dalaï-lama, mais — plus intime encore — sur ses cuisses. Un livre qui raconterait ma propre histoire… pas tant celle d'une accession au trône que d'une introduction au temple. Comment j'ai échappé à un destin si effroyable qu'on peine à l'imaginer, et ce, afin de devenir le fidèle compagnon d'un homme qui est non seulement un des plus grands leaders spirituels du monde et un Prix Nobel de la paix, mais un as de l'ouvre-boîte.

Souvent vers la fin de l'après-midi, quand je sens que Sa Sainteté a déjà passé trop d'heures à son bureau, je descends du rebord de ma fenêtre, j'avance à pas feutrés jusqu'à son espace de travail, et je frotte mon corps poilu contre ses jambes. Si ceci ne retient pas son attention, j'enfonce mes dents poliment, mais avec précision, dans la chair — si tendre — de ses chevilles. Là, j'y arrive toujours.

Avec un soupir, le dalaï-lama recule sa chaise, me prend dans ses bras, et se rend jusqu'à la fenêtre. Lorsqu'il plonge le regard dans mes grands yeux bleus, les siens expriment un amour si immense qu'ils ne cessent de me remplir de bonheur.

« Mon petit "bodhi*chat*va" », m'appelle-t-il parfois, un calembour dérivé de *bodhisattva*, un terme sanskrit qui renvoie à la notion d'être illuminé chez les bouddhistes.

Ensemble, nous nous abandonnons alors à la vue panoramique qui balaie la vallée de Kangra. Puis une douce brise pénètre à l'intérieur qui charrie des odeurs de pin, de chêne de l'Himalaya et de rhododendron, et qui donne à l'air son caractère virginal, presque magique. Dans la chaude étreinte du dalaï-lama, toute distinction s'estompe complètement — entre l'observateur et l'observé, le chat et le lama, la tranquillité du crépuscule et mon ronronnement assourdissant.

C'est dans des moments comme celui-là que je suis si reconnaissante d'être la chatte du dalaï-lama.

CHAPITRE 1

Un taureau en train de déféquer est à remercier pour l'événement qui allait changer le cours de ma jeune existence — et sans lequel vous ne seriez pas, cher lecteur, en train de lire ce livre.

Imaginez-vous un après-midi typique de la saison de la mousson à New Delhi. Le dalaï-lama venait de quitter l'aéroport d'Indira Gandhi, après être allé enseigner aux États-Unis, et il rentrait à la maison. Tandis que son chauffeur se frayait un chemin à travers les faubourgs de la ville, le trafic a été complètement stoppé par un taureau qui s'était aventuré au beau milieu de la route, et où il s'était copieusement affairé à faire ses besoins.

À l'intérieur du bouchon de circulation, Sa Sainteté regardait calmement par la fenêtre, attendant que le trafic reprenne à nouveau. C'est alors qu'un drame se jouant en bordure de la route a attiré son attention.

Parmi la clameur des piétons et des cyclistes, des propriétaires et des mendiants, deux enfants de la rue, couverts de lambeaux, tentaient impatiemment de conclure leur petit négoce quotidien. Plus tôt ce matin-là, ils avaient trouvé par hasard une portée de chatons, cachée derrière une pile de sacs de jute au fond d'une ruelle. Examinant leur trouvaille de plus près, ils comprirent qu'ils étaient tombés sur un « objet » de valeur. Les chatons n'étaient pas des chats de gouttière ordinaires : ils étaient clairement d'une race féline supérieure. Les jeunes garçons connaissaient peu la race himalayenne, mais derrière nos yeux de saphir, notre joli coloris et notre pelage somptueux, ils ont reconnu une magnifique monnaie d'échange.

Nous arrachant au nid douillet dans lequel notre mère nous avait laissés, ils nous ont assujettis, ma fratrie et moi, à l'agitation terrifiante de la rue. En l'espace de quelques instants, mes deux sœurs aînées, qui étaient plus développées que le reste de la portée, avaient été échangées pour quelques roupies — un événement si excitant que, dans la foulée, on m'a laissée tomber par terre, et qu'après avoir péniblement atterri sur le pavé, j'ai évité de justesse d'être tuée par un scooter.

Les garçons ont eu beaucoup plus de difficulté à nous vendre, mon frère et moi, les deux chatons les plus petits et les plus maigrichons de toute la portée. Pendant des heures, ils ont sillonné les rues, nous montrant avec insistance aux voitures qui passaient. J'étais beaucoup trop jeune pour être arrachée à ma mère, et mon corps chétif n'arrivait pas à s'en remettre. Faiblissant rapidement, faute de lait, le corps toujours endolori par ma chute, j'étais à peine consciente quand les garçons suscitèrent l'intérêt d'un homme d'un certain âge, lequel avait pensé à un chaton pour sa petite-fille.

Invitant les deux garçons à nous déposer au sol, il s'est ensuite accroupi pour nous inspecter minutieusement. Mon frère aîné s'est promené sur la terre ondulée au bord de la route, miaulant et implorant qu'on lui donne du lait. Lorsqu'on m'a poussée par-derrière afin d'induire chez moi un certain mouvement, je n'ai réussi qu'à faire un pas, chancelant, avant de m'effondrer dans une mare de boue.

C'est de cette scène dont Sa Sainteté a été témoin.

Et de celle qui a suivi.

Lorsqu'on a convenu de son prix, mon frère a été remis à un vieil homme édenté. De mon côté, j'étais toujours recouverte de boue tandis que les deux garçons statuaient sur mon sort, l'un d'eux allant même jusqu'à me repousser de son gros orteil. Ils décidèrent que j'étais invendable; saisissant une page d'un exemplaire du *Times of India* qui gisait à proximité, ils m'enveloppèrent alors comme un morceau de viande putréfiée destiné au tas d'ordures le plus proche.

Je commençai à suffoquer à l'intérieur du papier journal. Chaque respiration devenait un véritable combat. Déjà affaiblie par la fatigue et la faim, je sentais la flamme qui me gardait en vie vaciller dangereusement. La mort semblait inévitable tellement la situation était désespérée.

Mais Sa Sainteté dépêcha son chauffeur sans tarder. Fraîchement débarqué des États-Unis, il s'avéra que le chauffeur du dalaï-lama avait deux billets de un dollar cachés dans sa tunique. Il les remit aux garçons, qui ont alors déguerpi, spéculant avec excitation sur la somme qu'ils toucheraient une fois les dollars convertis en roupies.

Soustraite à l'étreinte mortelle de la page des sports titrée « Bangalore écrase le Rajasthan par 9 buts », je me reposais maintenant sur la banquette arrière de la voiture du dalaï-lama. Quelques minutes plus tard, du lait était acheté auprès d'un marchand ambulant et on l'insérait goutte à goutte dans ma bouche ; Sa Sainteté redonnait vie à ma forme inerte.

Je ne me souviens d'aucun des détails de mon sauvetage, mais l'histoire m'a été racontée tant de fois que je la connais par cœur. Ce dont je me rappelle, c'est de m'être réveillée dans un sanctuaire d'une telle chaleur que, pour la première fois après avoir été arrachée du sac de jute ce matin-là, je sentais que tout allait bien. Regardant aux alentours afin de découvrir la nouvelle source de ma subsistance et de mon confort, je me suis retrouvée à regarder directement dans les yeux du dalaï-lama.

Comment pourrais-je décrire ce premier moment en présence de Sa Sainteté ?

Cela relève autant du sentiment que de la pensée : une profonde et rassurante compréhension indiquant que tout allait bien. Comme j'en suis venue à le comprendre plus tard, c'est comme si, pour la première fois, vous saisissiez que votre vraie nature en est une d'amour et de compassion infinis. Elle a toujours été là, mais soudain le dalaï-lama la voit, et elle se réfléchit sur son visage. Il perçoit votre nature bouddhique, et cette révélation extraordinaire vous bouleverse bien souvent jusqu'aux larmes.

Dans mon cas, tout emmitouflée que j'étais dans une polaire marron sur une chaise de son bureau, je prenais également conscience d'un autre fait — de la plus haute importance pour tous les félins : j'étais dans la maison d'un amoureux des chats.

Aussi fortement ai-je ressenti cela, aussi distinctement ai-je perçu une présence beaucoup moins bienveillante de l'autre côté de la table à café. De retour à Dharamsala, Sa Sainteté avait repris son programme d'audiences et honorait un engagement de longue date à l'égard d'un professeur d'histoire originaire de Grande-Bretagne. Je ne pourrais vous dire de qui exactement il s'agissait, seulement qu'il venait d'une des deux célèbres universités anglaises.

Le professeur planchait sur un tome dédié à l'histoire indo-tibétaine et il semblait contrarié de voir qu'il n'avait pas toute l'attention du dalaï-lama.

— Un chat errant? s'exclama-t-il, après que Sa Sainteté lui eut brièvement expliqué la raison pour laquelle j'occupais le siège entre les deux.

— Oui, confirma le dalaï-lama, avant de répondre, pas tellement à ce que le visiteur avait dit, mais au ton sur lequel il l'avait dit.

Regardant le professeur d'histoire avec un grand sourire, il parla de sa riche et chaude voix de baryton, voix avec laquelle j'allais devenir si familière.

— Vous savez, professeur, ce chaton égaré et vous-même avez une chose très importante en commun.

— Je ne saurais dire quoi, répondit calmement le professeur.

— Votre vie est la chose la plus importante pour vous, dit Sa Sainteté. Même chose pour ce chaton.

Si on s'en remet au silence qui suivit, il est évident qu'en dépit de toute son érudition, le professeur ne s'était jamais heurté à une idée aussi stupéfiante.

— Vous n'iriez quand même pas jusqu'à dire que la vie d'un être humain et celle d'un animal ont la même valeur ? risqua-t-il.

— En tant qu'êtres humains, notre potentiel est beaucoup plus grand, bien sûr. Mais parce que nous voulons tous demeurer en vie, parce que nous nous accrochons tous à notre expérience consciente particulière, *sous cet angle*, il n'y a pas de différence entre l'être humain et l'animal.

— Eh bien, peut-être est-ce effectivement le cas chez certains mammifères complexes… ajouta le professeur en luttant contre cette révélation troublante. Mais pas tous les animaux. Je veux dire pas les cafards, par exemple.

— Y compris les cafards, répondit Sa Sainteté, sans équivoque. Tout être doté d'une conscience.

— Mais les cafards sont porteurs de saleté et de maladies. Nous *devons* les pulvériser.

C'est alors que Sa Sainteté se leva et qu'elle marcha jusqu'à son bureau, où elle saisit une grosse boîte d'allumettes.

— Notre boîte à cafards. C'est bien mieux que de les pulvériser, j'en suis sûr, ajouta-t-il de son rire si particulier. *Vous* ne voudriez pas être pourchassé par un géant qui pulvérise du gaz toxique.

Le professeur accepta en silence ce brin de sagesse, évident en soi, mais plutôt inusité.

— Pour nous tous qui sommes dotés d'une conscience, dit le dalaï-lama en retournant à son fauteuil, notre vie est très précieuse. Par conséquent, nous devons protéger tous les êtres sensibles autant que possible. Nous devons aussi reconnaître que nous avons tous, à la base, deux désirs en commun : le désir de vivre heureux et le désir d'éviter les souffrances.

Ce sont des thèmes que j'ai entendu le dalaï-lama répéter à plusieurs reprises et de mille et une façons. Pourtant, chaque fois qu'il en parle avec tant de clarté et d'efficacité, c'est comme s'il les présentait pour la première fois.

— Nous partageons tous ces deux désirs. Mais la façon dont nous recherchons le bonheur et tentons d'éviter les désagréments est aussi la même. Qui parmi nous n'apprécie pas un bon repas ? Qui ne souhaite pas dormir dans un lit confortable et en toute sécurité ? Auteurs, moines ou chatons égarés, tous sont égaux de ce point de vue.

Par-delà la table à café, le professeur d'histoire bougea dans son siège.

— Mais plus que tout, ajouta le dalaï-lama en se penchant pour me caresser avec l'index, nous voulons tous être aimés.

Lorsque le professeur partit plus tard ce jour-là, il y avait dans ses bagages beaucoup plus de matière à réflexion que le seul enregistrement de son entretien sur l'histoire indo-tibétaine avec le dalaï-lama.

Le message de Sa Sainteté était provocateur, voire dérangeant. Et surtout pas de ceux qui peuvent être facilement repoussés du revers de la main… comme nous étions sur le point de le découvrir.

Dans les jours qui ont suivi, je me suis rapidement familiarisée avec mon nouvel environnement. Le nid douillet que Sa Sainteté a fabriqué pour moi à partir d'une vieille robe en polaire. La lumière changeante de ses appartements quand le soleil se lève, qu'il passe au-dessus de nos têtes, et qu'il redescend chaque jour ; sans oublier la tendresse avec laquelle lui et ses deux adjoints exécutifs m'ont administré du lait chaud jusqu'à ce que je sois assez forte pour commencer à ingurgiter de la nourriture solide.

J'ai ensuite commencé à explorer ; d'abord la suite privée du dalaï-lama, puis rapidement au-delà, jusqu'au bureau que partagent ses deux adjoints exécutifs. Celui qui est assis le plus près de la porte, le jeune moine grassouillet au visage souriant et aux mains douces, se nomme Chogyal. Il aide Sa Sainteté en ce qui a trait aux enjeux monastiques. Le plus ancien et le plus grand, qui est assis à l'opposé de Chogyal, c'est Tenzin. Toujours revêtu d'un costume pimpant, les mains sentant fort le savon au phénol, Tenzin est un diplomate professionnel et un attaché culturel qui aide le dalaï-lama avec les enjeux séculiers.

La première fois que j'ai titubé jusqu'à leur bureau, la conversation s'est brusquement interrompue.

— Qui est-ce ? demanda Tenzin.

Chogyal rit pendant qu'il me soulevait pour me déposer sur son bureau, où mon attention fut immédiatement attirée par le capuchon bleu éclatant d'un stylo Bic.

— Le dalaï-lama l'a sauvée tandis que sa voiture était prise dans un embouteillage à Delhi, répondit Chogyal, racontant mon sauvetage pendant que je faisais virevolter le capuchon Bic sur son bureau.

— Pourquoi marche-t-elle de façon si bizarre ? voulut savoir l'autre.

— Apparemment, on l'a laissée tomber sur le dos.

— Hum, fit Tenzin qui semblait en douter, alors qu'il se penchait sur moi pour m'examiner attentivement. Peut-être était-elle sous-alimentée, puisqu'elle était plus petite que les autres. A-t-elle un nom ?

— Non, répondit Chogyal.

Puis, après m'avoir lancé quelques fois le capuchon de plastique à travers le bureau, il s'est exclamé, enthousiaste à l'idée de relever ce défi :

— Nous allons lui en trouver un ! Un nom d'ordination. Qu'en penses-tu : tibétain ou anglais ?

(Dans le bouddhisme, quand quelqu'un devient moine ou nonne, il se voit donner un nom d'ordination afin de souligner sa nouvelle identité.)

Chogyal fit plusieurs suggestions avant que Tenzin ne lui dise :

— Vaut mieux ne pas forcer les choses. Je suis sûr que quelque chose va se présenter à nous au fur et à mesure que nous la connaîtrons davantage.

Comme d'habitude, le conseil de Tenzin devait s'avérer à la fois sage et prophétique, malheureusement pour moi, comme la suite des choses allait nous le démontrer.

Tandis que je continuais à pourchasser le capuchon du stylo Bic, je me suis aventurée au-delà du bureau de Chogyal pour me retrouver à mi-chemin au travers celui de Tenzin. C'est à ce moment que le plus âgé des deux a saisi mon corps frêle et duveteux et m'a déposée sur le tapis.

— Tu ferais mieux de rester là, fit-il. Il y a une lettre ici que Sa Sainteté a adressée au pape, et nous ne tenons pas à ce qu'elle soit recouverte de traces de pattes.

— Signé en son nom par le chat de Sa Sainteté, dit Chogyal en riant.

— CDSS[1], lança Tenzin du tac au tac.

Dans la correspondance officielle, Sa Sainteté est fréquemment désignée sous l'acronyme SSDL.

— Ce pourrait être son titre provisoire en attendant que nous lui en trouvions un plus approprié.

Par-delà le bureau des adjoints exécutifs se trouvait un couloir qui débouchait, passé d'autres locaux, sur une porte que l'on gardait soigneusement fermée. Je savais, d'après ce que j'entendais dans le bureau des adjoints exécutifs, qu'elle menait à plusieurs endroits, incluant en bas de l'escalier, dehors, au temple, et même outre-mer. C'était la porte par laquelle tous les visiteurs de Sa Sainteté entraient et repartaient. Elle ouvrait sur un monde complètement nouveau. Mais en ces premiers jours,

1. N.d.T. : CDSS = Chat de Sa Sainteté; SSDL = Sa Sainteté le dalaï-lama.

le petit chaton que j'étais se satisfaisait entièrement de demeurer de ce côté-ci de la porte.

Après avoir passé mes premiers jours sur Terre dans une ruelle, je n'avais qu'une mince compréhension de ce qu'était un être humain — et aucune idée du caractère inusité de mon nouvel environnement. Quand Sa Sainteté sortait du lit chaque matin à 3 h pour méditer pendant cinq heures, je la suivais et me recroquevillais en boule auprès d'elle, me prélassant dans sa chaleur et son énergie. Je pensais que la plupart des gens débutaient leur journée en s'adonnant à la méditation.

Quand les visiteurs venaient voir Sa Sainteté, je remarquais qu'ils lui présentaient toujours une écharpe blanche, ou *kata*, et qu'elle le leur rendait accompagnée d'une bénédiction. Je supposais que c'était la façon dont les êtres humains accueillaient habituellement leurs visiteurs. Je constatais également que plusieurs des personnes qui visitaient Sa Sainteté avaient parcouru de très longues distances ; cela, aussi, me semblait tout à fait normal.

Et puis un jour Chogyal m'a prise dans ses bras et a chatouillé mon cou.

— Ne te demandes-tu pas qui sont toutes ces personnes ? dit-il, en suivant mon regard qui s'attardait aux nombreuses photographies accrochées au mur des adjoints.

Puis, faisant des gestes en direction de quelques-unes des photos, il ajouta :

— Les huit derniers présidents des États-Unis, en présence de Sa Sainteté. Le dalaï-lama est une personne très spéciale, tu sais.

Oui, je le savais : il voyait toujours à ce que mon lait soit chaud, mais pas trop, avant de me le donner.

— C'est un des plus grands leaders spirituels du monde, poursuivit Chogyal. Nous le considérons comme un Bouddha vivant. Nul doute qu'une connexion karmique très étroite te rattache à lui. Ce serait intéressant de voir laquelle.

Quelques jours plus tard, je me suis frayé un chemin le long du corridor jusqu'à la cuisinette et à la salle de repos où certains employés du dalaï-lama vont pour se détendre, passer l'heure du dîner ou faire le thé. Plusieurs moines étaient assis sur un sofa, visionnant l'enregistrement d'une nouvelle qui traitait de la plus récente visite de Sa Sainteté aux États-Unis. Tout le monde savait maintenant qui j'étais; en fait, j'étais devenue la mascotte du bureau. Bondissant sur les cuisses de l'un des moines, je l'ai laissé me caresser pendant que je regardais aussi la télé.

Au départ, tout ce que je pouvais voir, c'était une énorme marée humaine avec un petit point rouge en son centre, tandis que la voix de Sa Sainteté, elle, me parvenait très clairement. Mais au fur et à mesure que l'enregistrement défilait, je me suis rendu compte que le point rouge n'était nul autre que Sa Sainteté, et qu'elle se trouvait au milieu d'un vaste stade. C'était une scène qui rejouait constamment dans chacune des villes visitées par le dalaï-lama, et ce, de New York à San Francisco. Le présentateur faisait remarquer que les énormes foules qu'il attirait dans chaque ville démontraient qu'il était plus populaire que bien des rock stars.

Peu à peu, j'ai commencé à voir à quel point le dalaï-lama était extraordinaire, pour ne pas dire vénéré. Et, peut-être en raison de ce qu'avait dit Chogyal au sujet de notre « connexion karmique très étroite », à un moment donné, j'ai commencé à croire que je devais, moi aussi, avoir quelque chose de spécial. J'étais, après tout, celle que Sa Sainteté avait sauvée des gouttières de New Delhi. Avait-elle reconnu en moi une âme sœur, un être sensible sur la même longueur d'onde spirituelle ?

Quand j'entendais Sa Sainteté entretenir ses visiteurs de l'importance de l'amour bienveillant, je ronronnais de satisfaction, sachant que c'était exactement ce que je pensais aussi. Quand le soir venu, le dalaï-lama ouvrait ma boîte de Friskies®, cela me semblait évident, pour moi comme pour lui, que tous les êtres conscients voulaient satisfaire les mêmes besoins fondamentaux. Et quand il caressait mon ventre repu après le repas, il me semblait clair également qu'il avait raison ; chacun de nous ne veut en fait qu'être aimé.

Sa Sainteté s'apprêtait alors à effectuer un voyage de trois semaines en Australie et en Nouvelle-Zélande, et on se demandait, entre autres, que faire de moi pendant son absence. Avec ce voyage et plusieurs autres prévus dans les mois à venir, allais-je demeurer dans les appartements du dalaï-lama, ou ne serait-il pas préférable de me trouver un nouveau chez-moi ?

Un nouveau chez-moi ? L'idée était en soi complètement absurde ! J'étais le CDSS. Je m'étais rapidement taillé une place parmi l'ordre social. Il n'y avait personne d'autre avec qui j'aurais préféré vivre que le dalaï-lama. Et j'en étais même venue à priser certains aspects de ma routine quotidienne : m'exposer au soleil sur le rebord de la fenêtre pendant que Sa Sainteté parlait aux visiteurs ; savourer la délicieuse nourriture qu'elle ou son personnel me servait dans une soucoupe ; écouter des concerts pendant l'heure du dîner avec Tenzin.

Même si l'attaché culturel de Sa Sainteté était Tibétain, il était diplômé de l'université d'Oxford en Angleterre, où il avait étudié au début de la vingtaine, et il avait développé un goût pour tout ce qui était européen. Chaque jour, à l'heure du dîner, sauf quand il y avait des choses pressantes à régler, Tenzin se levait de son bureau, sortait la petite boîte en plastique contenant le repas que son épouse lui avait préparée et empruntait le corridor jusqu'à l'infirmerie. Rarement utilisée dans ce but, elle contenait un lit à une place, une pharmacie, un fauteuil et une chaîne stéréo portative qui appartenait à Tenzin. Ne suivant que ma curiosité, je l'ai un jour suivi jusque dans la salle, où je l'ai aperçu se caler dans le fauteuil et presser un bouton sur la télécommande de la chaîne stéréo. En moins de deux, la pièce était remplie de musique. Les yeux fermés, la tête appuyée contre le dossier de la chaise, un sourire apparaissait sur ses lèvres.

— Le prélude de Bach en do majeur, CDSS, dit-il après la fin du court morceau pour piano.

Je ne savais pas qu'il s'était aperçu de ma présence dans la pièce.

— N'est-il pas exquis ? De tout temps, un de ceux que je préfère. Si simple : une seule ligne mélodique, aucune harmonie, mais d'une telle profondeur au plan des émotions !

Ce fut la première d'une série de leçons quasi quotidiennes sur la musique et la culture occidentale que je devais recevoir de Tenzin. Il semblait vraiment m'apprécier, à titre de présence avec qui partager son enthousiasme pour tel air d'opéra ou tel quatuor à cordes — ou parfois, pour faire changement, pour telle ou telle reconstitution d'un certain événement historique à la radio.

Tandis qu'il mangeait tout ce qui pouvait se trouver dans sa boîte en plastique, je me couchais en boule sur le lit — une liberté qu'il tolérait puisque nous étions entre nous. C'est donc ainsi que mon goût pour la musique et la culture occidentale commença à se développer, un déjeuner à la fois.

Puis un jour, quelque chose d'inattendu se produisit. Sa Sainteté était au temple, et la Porte avait été laissée ouverte. J'étais maintenant devenue un chaton aventureux : je ne tenais plus à passer tout mon temps confinée dans une polaire. Rôdant le long du couloir à la recherche de sensations fortes, lorsque j'ai vu la porte entrebâillée, j'ai su que je devais y entrer ; c'était l'accès vers tous ces endroits qui s'étendaient au-delà.

En bas. Dehors. Outre-mer.

Je ne sais trop comment j'ai descendu deux volées d'escaliers, tout en chancelant et en remerciant le ciel qu'ils soient moquettés, car ma descente s'est accélérée au point où j'ai perdu pied et atterri en tas, de façon peu gracieuse, tout en bas des marches. Reprenant mes sens, je me suis relevée et j'ai poursuivi mon chemin à travers un petit vestibule, puis j'étais dehors.

C'était la première fois que je me retrouvais dehors après avoir été arrachée aux gouttières de New Delhi. Il y avait un mouvement, une sensation d'énergie et des gens qui marchaient dans toutes les directions. Il ne m'a pas fallu aller très loin avant d'entendre un concert de cris perçants et de bruits de pas sur le pavé. Des écolières japonaises m'avaient aperçue et s'étaient lancées à ma poursuite.

J'ai paniqué. Détalant aussi vite que mes frêles jambes arrière me le permettaient, je me suis sauvée de cette horde assourdissante. Cependant, je pouvais les entendre qui gagnaient du terrain. Je n'avais aucune chance de les semer. Le bruit des chaussures martelant le pavé grondait maintenant tel le tonnerre !

Puis j'ai repéré un petit espace entre des colonnes de brique qui soutenaient le plancher d'une véranda — une ouverture qui menait sous le bâtiment. Le passage était étroit, et mon temps était compté. De plus, je n'avais aucune idée de l'endroit où il pouvait mener. Mais lorsque je me suis glissée à l'intérieur, la cohue a immédiatement cessé. Je me suis retrouvée dans un grand espace, rampant entre le sol et les planches de bois. C'était sombre et poussiéreux, et on entendait des bruits de pas qui tambourinaient constamment sur le plancher. Mais au moins, j'étais en sécurité. Je me suis demandé combien de temps je devrais rester là avant que les écolières ne disparaissent. Balayant une toile d'araignée de mon visage, j'ai décidé de ne pas risquer un autre assaut à mon endroit.

Tandis que mes yeux et mes oreilles s'adaptaient à ce nouvel environnement, j'ai pris connaissance d'un grattement — un rongement sporadique, mais insistant. J'ai fait une pause, les narines bien dilatées, et j'ai humé l'air. Un bruit d'incisives mastiquant bruyamment et une odeur âcre faisaient frémir mes moustaches. Ma réaction, aussi instantanée que puissante, a déclenché un réflexe que je n'aurais jamais cru posséder.

Même si je n'avais jamais vu de souris auparavant, je l'ai immédiatement identifiée comme un objet de proie. Elle était accrochée à la brique, la tête à moitié enfouie dans une poutre de bois qu'elle creusait avec ses grandes dents avant.

Je me suis déplacée furtivement, masquant mon approche grâce au bruit constant des pas sur le plancher au-dessus.

L'instinct a alors pris le dessus. D'un seul mouvement de ma patte avant, j'ai mis le rongeur hors d'équilibre et je l'ai projeté au sol, où il gisait étourdi. Me penchant sur lui, j'ai enfoncé mes dents dans sa nuque. Son corps est devenu tout mou.

Je savais exactement ce qu'il me fallait faire par la suite. Ma proie bien immobilisée entre les dents, j'ai rebroussé chemin jusqu'au trou entre les colonnes de brique, j'ai jeté un coup d'œil au trafic extérieur, et, ne voyant aucune trace d'écolières japonaises, je me suis ruée sur le pavé jusqu'à l'intérieur du bâtiment. Me précipitant à travers le vestibule, je me suis frayé un chemin jusqu'aux escaliers qui menaient à la Porte… complètement fermée.

Que faire à présent ? Je suis restée assise là pendant un certain temps, me demandant combien de temps je devrais attendre, jusqu'à ce que, finalement, un membre du personnel de Sa Sainteté se présente. Me reconnaissant, mais ne prêtant pas attention au trophée dans ma bouche, il m'a laissée entrer. J'ai longé le corridor, puis j'ai tourné au bout du couloir.

Puisque le dalaï-lama était toujours au temple, je suis allée au bureau des adjoints exécutifs, abandonnant la souris sur le tapis et annonçant mon arrivée d'un miaulement insistant. Réagissant à cette sonorité inhabituelle, Chogyal et Tenzin se sont tournés vers moi et m'ont regardée avec surprise tandis que je me tenais là, fièrement, la souris à mes pieds.

Leur réaction n'eut rien à voir avec ce que je prévoyais. Échangeant un regard vif, ils ont tous deux bondi de leur chaise. Chogyal m'a saisie, et Tenzin s'est agenouillé pour inspecter la souris immobile.

— Elle respire toujours, dit-il. Probablement encore sous le choc.

— Le carton d'imprimante, répondit Chogyal, lui indiquant la boîte qui avait servi d'emballage à la cartouche d'encre fraîchement installée.

Utilisant une vieille enveloppe comme balai, Tenzin poussa la souris dans la boîte vide. Il l'examina de plus près.

— Où penses-tu… ?

— En voilà une qui a des toiles d'araignée sur ses moustaches, fit observer Chogyal, penchant la tête en ma direction.

En voilà une ?! Était-ce là une façon de se référer au CDSS ?

C'est à ce moment que le chauffeur du dalaï-lama a fait irruption dans la pièce. Tenzin lui a remis la boîte et lui a donné instruction de mettre la souris en observation, et si elle s'en remettait, de la relâcher dans la forêt voisine.

— Je suppose que CDSS est sortie aujourd'hui, dit le chauffeur en fixant mes yeux bleus.

Chogyal me tenait toujours, non de son étreinte affectueuse, comme à l'habitude, mais comme s'il tentait de retenir une bête sauvage.

— CDSS. Je ne suis plus certain que ce titre soit approprié, répondit-il.

— Ce n'était qu'un titre provisoire, ajouta Tenzin en retournant à son bureau. Mais « le Chasseur de souris de Sa Sainteté » ne me paraît pas indiqué non plus.

Chogyal m'a déposée sur le tapis.

— Et pourquoi pas simplement « Chasseur de souris », suggéra le chauffeur, ce pourrait être son nom d'ordination ?

Mais en raison de son fort accent tibétain, cela sonnait plutôt comme « Mousie[2] ».

Chacun des trois hommes me regardait maintenant attentivement. La conversation avait pris un tournant dangereux, que je regrette encore aujourd'hui.

---

2. N.d.T. : En anglais, « Chasseur de souris » s'écrit *Mouser*, d'où *Mousie*.

— Juste « Mousie », ce n'est pas assez, dit Chogyal. Il faut que ce soit quelque chose Mousie, ou Mousie quelque chose.

— Mousie le monstre ? suggéra Tenzin.

— Mousie le tueur ? renchérit Chogyal.

Il y eut un silence avant que le chauffeur ne parvienne finalement à le trouver :

— Que diriez-vous de Mousie-Toung ?

Tous trois ont éclaté de rire en se penchant sur ma petite forme duveteuse. Tenzin a pris un visage pince-sans-rire tandis qu'il me regardait fixement.

— La compassion, c'est très bien. Mais pensez-vous que Sa Sainteté devrait partager ses appartements avec Mousie-Toung ?

— Ou laisser Mousie-Toung tenir la boutique quand le dalaï-lama visitera l'Australie pendant trois semaines ? songea Chogyal, alors que les trois se tordaient de rire encore une fois.

Je me suis levée et j'ai rôdé dans la pièce, les oreilles solidement rabattues et la queue qui fendait l'air.

Pendant les heures qui ont suivi, alors que je baignais dans la lumière qui entrait tranquillement par la fenêtre de Sa Sainteté, j'ai commencé à comprendre l'énormité de ce que j'avais fait. Pendant presque toute ma jeune existence, j'avais entendu le dalaï-lama dire que la vie de tout être conscient était aussi importante pour lui que notre propre vie l'était pour nous. Mais à quel point avais-je prêté attention à tout ça en cette seule occasion où je m'étais retrouvée dans le monde extérieur ?

Quant à la vérité selon laquelle tous les êtres souhaitent vivre heureux et éviter les souffrances, elle n'avait pas effleuré mon esprit le moindrement tandis que je traquais la souris. Je n'avais fait que suivre mes instincts. Pas un seul instant n'avais-je pensé à la portée de mes gestes du point de vue de la *souris.*

Je commençais à saisir combien une idée pouvait être simple, mais néanmoins difficile à suivre. Consentir à de beaux principes ne voulait rien dire si je ne les intégrais pas à mon quotidien.

Je me demandais si Sa Sainteté aurait vent de mon nouveau « nom d'ordination » — un triste rappel de ma plus grande folie de jeunesse. Serait-elle à ce point horrifiée qu'elle me bannirait à jamais de son merveilleux refuge ?

Heureusement pour moi, la souris a survécu. Et quand le dalaï-lama est rentré, il a immédiatement été absorbé par une série de réunions.

Ce n'est pas avant tard, ce soir-là, qu'il a fait allusion à l'événement. Il était au lit, en train de lire, puis il a fermé son livre, enlevé ses lunettes, et les a placées sur la table de chevet.

— Ils m'ont raconté ce qui s'est passé, murmura-t-il, s'approchant de l'endroit où je somnolais, tout juste à côté. Parfois, notre instinct, notre conditionnement négatif, peut être impossible à maîtriser. Plus tard, nous regrettons amèrement ce que nous avons fait. Mais ce n'est pas une raison d'abandonner le travail qui reste à faire sur nous-mêmes ; les bouddhas, eux, ne nous ont pas abandonnés. Apprends plutôt de ton erreur et passe à autre chose. Aussi simple que ça.

Il éteignit la lampe sur la table de chevet et, tandis que nous étions tous deux étendus là dans l'obscurité, j'ai doucement ronronné en guise de reconnaissance.

— Demain est un autre jour, dit-il.

Le jour suivant, le dalaï-lama passait en revue les quelques lettres que ses adjoints exécutifs avaient choisi de soumettre à son attention à partir des sacs de courrier qu'ils recevaient chaque matin.

Tenant une lettre et un livre envoyés par le professeur d'histoire anglais, il s'est tourné vers Chogyal :

— Voilà qui est bien.

— Oui, Votre Sainteté, acquiesça Chogyal, examinant la couverture en papier glacé de l'ouvrage.

— Je ne pensais pas au livre, dit Sa Sainteté, mais à la lettre.

— Oh ?

— Après avoir réfléchi à notre conversation, le professeur m'écrit qu'il a cessé d'utiliser des pièges à limaces pour protéger ses roses. Au lieu, il dépose maintenant les escargots sur le mur du jardin.

— Excellent ! dit Chogyal avec le sourire.

— Nous avons aimé le rencontrer, n'est-ce pas ? demanda le dalaï-lama en me regardant droit dans les yeux.

Je me suis rappelé qu'au moment de la rencontre, le professeur m'avait paru tout sauf éclairé. Mais après ce que j'avais fait hier, j'étais mal placée pour juger.

— Cela prouve que nous sommes tous capables de changer, n'est-ce pas Mousie ?

CHAPITRE 2

Bien que les chats passent la majeure partie de leurs journées à somnoler tranquillement, nous aimons que nos êtres humains se tiennent occupés. Pas de façon bruyante ou intrusive, mais juste assez pour nous divertir pendant ces périodes où nous préférons demeurer éveillés. Pourquoi pensez-vous que la plupart des chats ont leur siège de théâtre préféré — une place réservée sur un rebord de fenêtre, un porche, sur une barrière ou un dessus de placard ? Ne comprenez-vous pas, cher lecteur, que vous êtes notre divertissement ?

Une des raisons pour lesquelles il est si agréable de vivre à Jokhang, nom sous lequel est connu le complexe bouddhique du dalaï-lama, c'est qu'il y a toujours de l'activité.

Avant 5 h, chaque matin, le temple s'active au bruit des sandales, alors que les moines du monastère de Namgyal convergent vers le complexe bouddhique pour leurs méditations matinales. À cette heure, Sa

Sainteté et moi avons déjà médité pendant deux heures, alors quand j'entends l'agitation au-dehors, j'aime me lever, étirer mes pattes avec aise et, parfois, faire mes griffes sur le tapis avant de me diriger vers ma position habituelle sur le rebord de la fenêtre. De là, j'observe le cycle circadien de la vie monastique qui recommence ; c'est si réconfortant de savoir que chaque jour est, à peu de choses près, une répétition du précédent.

Tout commence par le scintillement du carrelage doré qui luit à l'horizon, au fur et à mesure que les lampes sont allumées dans le temple et dans les résidences des moines. L'été, la brise du petit matin charrie des nuages d'encens pourpre — sans oublier les chants à l'aube — à travers la fenêtre entrouverte, en ce moment même où l'horizon rougit à l'est.

Lorsque les moines émergent du temple à 9 h du matin, Sa Sainteté et moi avons tous deux pris le déjeuner, et elle est déjà à son bureau. C'est l'heure des réunions d'information du matin en compagnie de ses conseillers, tandis qu'en bas, au temple, les moines retournent à leurs occupations quotidiennes parfaitement ordonnées, qui consistent notamment à réciter des textes, à suivre des enseignements, à débattre de thèmes philosophiques dans la cour et à méditer. Ces activités sont seulement interrompues par deux repas et elles se terminent généralement autour de 22 h le soir.

Ensuite, on s'attend à ce que les moines plus jeunes rentrent chez eux et qu'ils mémorisent des textes jusqu'à minuit. On exige davantage des plus âgés, qui étudient et discutent fréquemment jusqu'à

1 h ou 2 h du matin. La période au milieu de la nuit, où il n'y a aucune activité du tout, ne dure que quelques heures.

Entre-temps, au cœur de la suite de Sa Sainteté, un cortège incessant de visiteurs défilent sous nos yeux : politiciens de renommée internationale, célébrités, philanthropes, sans oublier d'autres personnalités moins bien connues, mais parfois encore plus intrigantes, comme l'oracle de Nechung, que Sa Sainteté consulte à l'occasion. Médium situé entre les mondes matériel et spirituel, l'oracle de Nechung est l'oracle d'État du Tibet. Il a mis en garde contre les difficultés à venir avec la Chine dès 1947 et, encore aujourd'hui, il continue à contribuer à la prise de décisions importantes. En se mettant en état de transe, parfois lors de cérémonies élaborées, il offre ses prophéties et ses conseils.

Vous pourriez penser que de me retrouver dans un environnement aussi stimulant et confortable aurait fait de moi le chat le plus heureux à avoir jamais joué du violoncelle — comme nous, les chats, référons à cette partie la plus sensible de notre rite de toilettage, quand nous nous occupons de notre région inférieure. Mais hélas, cher lecteur, en ces premiers mois de vie commune avec le dalaï-lama, vous auriez eu tort.

Peut-être était-ce parce que je n'avais, jusque-là, connu que la vie au sein d'une portée de quatre chatons. Peut-être était-ce en raison d'une absence de contact avec tout autre être pourvu de fourrure et de moustaches. Quelle que soit la raison, je me sentais non seulement très seule, mais j'ai fini par croire que mon bonheur ne serait complet qu'en présence d'un autre chat.

Le dalaï-lama le savait bien. Prenant soin de moi depuis ce premier moment dans la voiture avec tant de tendresse et de compassion, il m'a entourée de soins pendant les premières semaines, se montrant constamment attentif à mon bien-être.

C'est pour cette raison qu'un jour, peu après l'incident de la souris, alors que je flânais dans le passage, perdue et incertaine quant à ce que je devais faire, il m'a aperçue en se rendant au temple. Se tournant vers Chogyal qui l'accompagnait, il a dit :

— Peut-être que la petite lionne des neiges aimerait venir avec nous ?

Lionne des neiges ?! Je raffolais de ce nom. Quand il m'a prise dans ses bras, tout contre sa tunique, j'ai ronronné mon approbation. Les lions des neiges sont des animaux célestes au Tibet. Ils représentent le bonheur inconditionnel. Ce sont des animaux d'une grande beauté, pleins de vitalité et de ravissement.

— Nous avons une grosse journée devant nous, m'a dit Sa Sainteté tandis que nous descendions les escaliers. D'abord une visite au temple pour observer les examens. Ensuite, Mme Trinci vient préparer le dîner pour les visiteurs d'aujourd'hui. Et tu aimes Mme Trinci, n'est-ce pas ?

Aimes, le mot était faible. *J'adorais* Mme Trinci, ou, pour être plus précise, son foie de poulet découpé en dés — un mets qu'elle cuisinait spécialement pour ma propre délectation.

Toutes les fois où des services de restauration étaient requis pour une occasion spéciale, ou que des dignitaires étaient en visite, Mme Trinci était réquisitionnée. Il y a un peu plus de 20 ans, quelqu'un dans le bureau du dalaï-lama en train de planifier un banquet pour une délégation très influente du Vatican, avait découvert la veuve italienne qui vivait dans les environs. Le talent culinaire de Mme Trinci avait facilement transcendé celui de tous les traiteurs précédents, et elle eut tôt fait de s'imposer comme le chef préféré du dalaï-lama.

Femme élégante, dans la cinquantaine, avec un penchant pour les robes flamboyantes et les bijoux extravagants, elle débarquait à Jokhang en coup de vent, portée par un excès d'excitation nerveuse. Prenant instantanément les commandes dès qu'elle entrait dans la cuisine, elle aspirait tout le monde dans son vortex, et pas seulement les aides-cuisiniers. Durant une de ses dernières visites, elle avait sommé l'abbé du Collège tantrique de Gyume, qui s'adonnait à passer par là, de venir à la cuisine. Elle lui a immédiatement noué un tablier autour du cou pour mieux lui faire couper des carottes en dés.

Mme Trinci ne connaissait aucun protocole et ne souffrait aucune dissidence. Il y avait peu de corrélation entre l'avancement spirituel et un banquet pour huit personnes. Son tempérament fougueux était à l'opposé de l'humilité tranquille de la plupart des moines, mais il y avait quelque chose dans sa vivacité, son intensité et sa passion qui les séduisait complètement.

Et ils aimaient particulièrement sa générosité de cœur. Elle veillait toujours à ce que, de pair avec le repas de Sa Sainteté, un ragoût alléchant soit laissé sur le feu pour son personnel, et qu'un strudel aux pommes, un gâteau au chocolat ou toute autre pâtisserie exquise soit laissé au réfrigérateur.

La première fois qu'elle m'a vue, elle a déclaré que j'étais la plus belle créature qui ait jamais existé, et depuis ce jour, plus aucune visite à la cuisine du dalaï-lama n'était complète sans qu'elle ne sorte, d'un de ses nombreux sacs d'épicerie, quelque délicieuse gourmandise apportée exprès pour moi. Me plaçant sur un comptoir, elle m'observait de près ; ses yeux ambrés, rehaussés de mascara, se pâmaient pendant que je dévorais bruyamment une soucoupe de fricassée de poulet, de blanquette de dinde ou de filet mignon. Je songeais justement à cette éventualité pendant que Chogyal me portait à travers la cour jusqu'au temple.

Je n'avais jamais pénétré à l'intérieur du temple auparavant et je ne pouvais penser à une meilleure façon de faire ma première apparition dans l'entourage de Sa Sainteté. Le temple est un bâtiment stupéfiant ; rempli de lumière, il affiche des plafonds très hauts, des murales de divinités brodées de soie aux couleurs vives et des bannières de victoire multicolores cascadent le long des parois. On y trouve de grandes statues à l'effigie du Bouddha, avec des rangées de cuvettes en laiton qui reluisent devant elles, ainsi que des offrandes symboliques de nourriture, d'encens, de fleurs et de parfum. Des centaines de moines étaient assis sur des coussins, attendant que les examens commencent, et le faible bruit de leur bavardage continua même après l'arrivée du dalaï-lama. Normalement, il faisait une entrée formelle par l'avant du temple, prenant place sur le trône qui lui servait à enseigner, le tout dans un silence empreint de respect et d'admiration. Mais aujourd'hui, il s'était introduit par l'arrière, ne voulant pas attirer l'attention, et encore moins distraire les moines sur le point d'être évalués.

Chaque année, les moines novices rivalisent pour un nombre limité de places afin d'obtenir le grade de Géshé. La plus grande distinction dans le bouddhisme tibétain, et qui n'est pas sans rappeler sous certains aspects le doctorat. Alors qu'il faut mettre 12 ans pour obtenir le grade de Géshé, il exige notamment une mémorisation sans faille des textes centraux, une capacité d'analyse et d'échange autour de différences philosophiques subtiles, sans oublier beaucoup d'heures de méditation. Pendant la plupart des 12 années que dure le cours, les postulants au Géshé travaillent 20 heures par jour, conformément à un programme d'étude rigoureux. Mais en dépit des exigences très élevées du programme, il y a toujours plus de moines novices qui demandent l'admission qu'il n'y a de places disponibles.

Pendant l'examen d'aujourd'hui, quatre moines novices étaient évalués. Selon la tradition, ils ont commencé par répondre aux questions des examinateurs devant la communauté de Namgyal rassemblée, une procédure qui est intimidante, mais également ouverte et transparente. Le fait d'observer le processus d'évaluation est une bonne préparation pour les plus jeunes des moines novices, car un jour, ils devront eux aussi se tenir devant leurs pairs.

Dans la rangée arrière du temple, assise à côté du dalaï-lama sur les cuisses de Chogyal, j'ai regardé deux frères bhoutanais, un garçon tibétain et un étudiant français tenter d'impressionner l'auditoire en répondant à des questions sur des sujets tels que le karma et la nature de la réalité. Les frères bhoutanais ont fourni des réponses correctes, apprises par cœur, et le garçon tibétain a également cité directement le texte retenu. Mais l'étudiant français est allé plus loin, démontrant qu'il avait non seulement appris les concepts, mais qu'il les avait compris. Le dalaï-lama a souri chaudement pendant toute la durée du premier examen.

Par la suite, au cours de la discussion qui a suivi avec plusieurs moines supérieurs qui ont essayé de piéger les étudiants avec des arguments intelligents, le même modèle a été reproduit. Les étudiants bhoutanais et tibétains s'en sont soigneusement tenus aux réponses du manuel, alors que le garçon français y est allé de contre-arguments provocateurs et personnels, donnant lieu à un certain amusement à l'intérieur du temple.

Quand le temps de réciter des textes est enfin venu, la mémoire des étudiants himalayens a encore une fois fait preuve d'une justesse impeccable. Invité à réciter le *Sutra du Cœur* — un texte court, mais qui n'en est pas moins un des enseignements les plus célèbres du Bouddha — l'étudiant français a quant à lui commencé d'une voix claire et forte. Mais pour quelque raison, vers la moitié du sutra, il s'est mis à hésiter. Il y a eu un long silence, puis un certain étonnement et, semble-t-il, quelques murmures insistants avant qu'il ne reprenne beaucoup moins confiant et que sa mémoire ne défaille complètement. Il s'est tourné vers ses examinateurs avec, pour toute excuse, un haussement d'épaules. Ils lui ont fait signe de retourner à sa place.

Peu de temps après, les examinateurs ont rendu leur verdict : les novices tibétains et bhoutanais étaient acceptés pour des études menant à l'obtention du Géshé. Seul le candidat français était rejeté.

Je pouvais sentir la tristesse du dalaï-lama pendant que l'annonce était faite. La décision des examinateurs était inévitable, mais tout de même…

— En Occident, on accorde moins d'importance à l'étude par cœur, murmura Chogyal à Sa Sainteté.

Opinant du chef en guise d'approbation, le dalaï-lama me laissa aux bons soins de Chogyal et demanda à ce que le novice français, l'air dépité, le rejoigne dans une pièce privée au fond du temple. Il fit savoir au jeune homme qu'il avait été présent pendant tout l'examen.

Nul ne sait ce qui s'est dit entre les deux ce jour-là. Mais après quelques minutes, l'étudiant français est réapparu, l'air à la fois consolé et ému d'avoir obtenu l'attention du dalaï-lama. Je venais d'apprendre que Sa Sainteté avait la faculté très particulière d'aider les gens à trouver leur objectif supérieur, une vérité qui, une fois révélée, leur procurerait bonheur et bénéfice, tant pour eux-mêmes que pour les autres.

— Parfois, j'entends des gens parler avec consternation de l'avenir du bouddhisme, dit Sa Sainteté à Chogyal tandis que nous retournions plus tard à ses appartements. Je souhaiterais qu'ils assistent aux examens pour voir ce que nous avons vu ici aujourd'hui. Tant de novices, plus dévoués et talentueux les uns que les autres. Mon seul regret est que nous n'ayons pas de place pour eux tous.

Lorsque nous sommes rentrés du temple, Mme Trinci avait déjà pris les commandes de la cuisine depuis un certain temps. Plus tôt aujourd'hui, Sa Sainteté m'avait distraite de ma solitude avec la visite au temple. À présent, c'était Mme Trinci qui poursuivait mon divertissement. Elle portait une robe vert émeraude avec des boucles d'oreilles pendantes et des bracelets assortis qui cliquetaient chaque fois qu'elle bougeait les bras. Aussi, allez savoir pourquoi, ses longs cheveux noirs semblaient ce jour-là avoir pris une teinte rougeâtre.

La vie de Mme Trinci suivait rarement le rythme régulier qui caractérisait celle des résidents de Jokhang, et aujourd'hui n'y faisait pas exception. La crise actuelle avait été provoquée par une panne d'électricité à 2h du matin. Mme Trinci était allée au lit en croyant qu'elle se réveillerait avec une meringue croustillante (elle avait laissé le four à basse température pendant toute la nuit). Elle s'était plutôt réveillée avec une préparation molle et difforme, au point d'être irrécupérable, et ce, sept heures seulement avant que l'invité de marque de Sa Sainteté ne débarque.

S'en était suivi le fouettage frénétique d'une nouvelle meringue, un réglage du four à une température très élevée, et l'élaboration d'un plan pour que la meringue soit livrée à Jokhang à 13 heures — donc bien après que Mme Trinci n'arrive pour préparer le plat principal, mais avant que le dessert ne soit servi.

— Ne serait-il pas plus facile de préparer un autre dessert? avait dangereusement suggéré Tenzin, qui venait tout juste d'apprendre le drame. Quelque chose de simple comme…

— Il *faut* que ce soit une pavlova. Elle est Australienne !

Et elle lança sa spatule d'acier inoxydable dans l'évier avec fracas. Elle avait toujours incorporé un élément de la cuisine nationale des invités, et aujourd'hui n'y ferait pas exception.

— Qu'y a-t-il d'australien dans une *melanzane alla parmigiana*? demanda Tenzin en reculant.

— Ou un ragoût de légumes ?!

— Ce n'était qu'une suggestion…

— Eh bien, ne suggérez pas ! *Zitto !* Silence ! L'heure n'est pas aux suggestions !

Sur ce, l'adjoint exécutif de Sa Sainteté opéra une retraite tactique.

En dépit de tous les rebondissements, le repas de Mme Trinci fut, comme à l'habitude, un triomphe gastronomique. La pavlova ne laissait paraître aucun signe de la crise par laquelle elle était passée ; c'était une base de meringue parfaite, couronnée par d'autres meringues tout aussi parfaites, et remplie d'une profusion de fruits glacés et de crème fouettée.

Mais Mme Trinci n'avait pas oublié la plus belle créature qui ait jamais existé. Elle m'a servi un restant de ragoût de bœuf si généreux que j'ai dû miauler pour qu'on me descende du comptoir après avoir mangé, trop gavée que j'étais pour sauter par mes propres moyens.

Après avoir léché plusieurs fois les doigts parés de Mme Trinci pour la remercier, je me suis dandinée jusqu'à la salle de réception, où le dalaï-lama et son visiteur sirotaient maintenant le thé. Notre visiteur du midi, ce jour-là, était la vénérable Robina Courtin, une religieuse qui avait consacré beaucoup de temps à aider les prisonniers à se racheter grâce à son initiative appelée Liberation Prison Project. La discussion portait sur les conditions de détention aux États-Unis, quand je suis entrée dans la pièce et que je me suis dirigée vers mon tapis de laine préféré afin d'effectuer ma toilette faciale habituelle, celle qui suit les repas.

— Les conditions varient considérablement, expliqua la religieuse. Quelques établissements enferment leurs prisonniers presque toute la journée dans des cellules qui ont tout de cages souterraines, sans la moindre lumière naturelle. Pour parler à un prisonnier, nous devons nous asseoir à côté d'un petit trou pratiqué dans une porte de fer, tandis que notre interlocuteur demeure assis de l'autre côté. Dans de telles conditions, les chances de rééducation paraissent plutôt minces.

Mais il y a beaucoup d'autres établissements où l'approche est bien plus positive, poursuivit-elle. On met l'accent sur la formation des détenus et on les motive à changer. On n'échappe pas à l'atmosphère institutionnelle, mais les portes des cellules sont laissées ouvertes pendant presque toute la journée, et on peut y pratiquer des sports et des activités récréatives, regarder la télé, faire de l'ordinateur et aller à la bibliothèque.

Elle fit une pause et sourit tandis qu'elle se rappelait quelque chose :

— Il y a ce groupe de condamnés à perpétuité que j'ai fini par bien connaître quand je donnais des cours de méditation en Floride. L'un d'eux m'a un jour demandé : « Quelle est la vie au jour le jour dans un couvent ? »

Je lui ai alors dit que nous nous levons à 5 h chaque matin pour la première séance de méditation, fit-elle en haussant les épaules. C'était beaucoup trop tôt pour lui ! En prison, on les laisse dormir jusqu'à 7 h du matin. Je lui ai expliqué que notre journée est planifiée de la minute où nous nous levons, jusqu'au moment où nous nous couchons à 22 h, et qu'une attention particulière est apportée à l'apprentissage et à l'étude, de même qu'aux activités de jardinage qui nous permettent de produire les fruits et légumes que nous mangeons. Mais il n'a pas aimé entendre ça non plus, dit-elle en faisant la moue.

Les autres souriaient.

— Je lui ai dit que nous n'avions pas de télé, pas de journaux, pas d'alcool ou d'ordinateurs. À la différence des prisonniers, les sœurs ne peuvent pas gagner d'argent pour s'acheter de petites gâteries. Et il n'y a certainement aucune visite conjugale !

Le dalaï-lama pouffa de rire.

— C'est à ce moment qu'il m'a proposé la chose la plus incroyable que j'aie jamais entendue. Sans même se rendre compte de ce qu'il disait, il a suggéré : « Si ça devient trop dur, vous pouvez toujours venir vivre ici avec nous. »

Tout le monde éclata de rire dans la pièce.

— Il a réellement éprouvé de la compassion pour moi ! dit-elle les yeux pétillants. Les conditions lui paraissaient encore plus dures au couvent qu'en prison.

Sa Sainteté se pencha en avant, frottant son menton pensivement.

— N'est-ce pas intéressant ? Ce matin encore, au temple, nous avons vu des moines novices rivaliser pour l'entrée au monastère. Il y a trop de novices et pas assez de places disponibles. Mais si on prend la prison, personne ne veut aller là, bien que la vie y soit plus facile qu'au monastère. Cela montre que ce n'est pas tellement nos conditions de vie qui nous rendent heureux ou malheureux, mais notre façon de les percevoir.

On entendit des murmures d'approbation.

— Devrions-nous croire que, quelles que soient les circonstances, nous avons la possibilité de vivre une vie heureuse et remplie de sens ? demanda-t-il.

— Absolument ! concéda Robina.

— La plupart des gens pensent que leur seule option est de changer leurs conditions de vie. Pourtant, celles-ci n'expliquent pas vraiment leurs malheurs. Cela a bien plus à voir avec la façon dont ils se les représentent, dit Sa Sainteté en hochant la tête.

— Nous encourageons nos étudiants à transformer leur prison en monastère, poursuivit Robina. À ne plus voir leur peine d'emprisonnement comme une partie de leur vie qu'ils auraient perdue, mais comme une fabuleuse opportunité en termes de croissance personnelle. Certains y arrivent, et la transformation qui s'opère en eux est incroyable. Ils parviennent à trouver le sens véritable de leur vie, et ils en sortent complètement transformés.

— Très bien, fit Sa Sainteté, en souriant chaudement. Ce serait merveilleux si tout le monde pouvait entendre ce message, en particulier ceux qui vivent dans des prisons imaginaires.

En faisant cette remarque, je ne sais pourquoi, le dalaï-lama a regardé en ma direction. Je n'avais jamais imaginé, ne serait-ce qu'un seul instant, que j'étais en prison. Lionne des neiges, oui. La plus belle créature qui ait jamais existé, certainement ! Bien sûr, j'avais quelques problèmes, comme celui d'être le seul chat du temple ; mais prisonnière ?

Moi ?

Ce n'est que bien plus tard que j'ai mesuré toute la portée des propos de Sa Sainteté. Après le départ des visiteurs, le dalaï-lama a demandé à voir Mme Trinci pour la remercier du repas.

— C'était exquis, dit-il avec enthousiasme. Votre dessert en particulier. La vénérable Robina l'a beaucoup aimé. J'espère qu'il n'était pas trop difficile à préparer ?

— Oh, non. *Non troppo !* Pas trop.

En présence de Sa Sainteté, Mme Trinci n'était plus la même. La Brünhilde de Wagner, un des opéras préférés de Tenzin, qui dominait la cuisine de sa haute stature, se changeait subitement en écolière timide.

— Nous ne voulons pas vous faire vivre trop de stress, poursuivit le dalaï-lama en la regardant avec bienveillance. C'était un dîner très intéressant. Nous avons parlé du fait que le bonheur, la satisfaction, tout ça ne dépend pas des circonstances entourant notre vie. Mme Trinci, vous êtes célibataire, et vous me semblez tout à fait heureuse.

— Je ne veux pas d'un autre mari, avoua Mme Trinci. Si c'est ce que vous voulez dire.

— Être célibataire n'est donc pas pour vous source de tristesse ?

— Non, non ! *Mia vita è buona.* Ma vie est satisfaisante. Je suis comblée.

— Je ressens la même chose, fit Sa Sainteté en hochant la tête.

C'est à cet instant que j'ai compris ce que voulait dire le dalaï-lama à propos des prisons imaginaires. Il ne parlait pas seulement des conditions *physiques* de l'existence, mais aussi des idées et des croyances que nous avons et qui nous rendent malheureux. Dans mon cas à moi, c'était l'idée que j'avais besoin d'un autre chat pour être heureuse.

Mme Trinci se dirigea vers la porte, comme si elle s'apprêtait à partir. Mais avant d'ouvrir, elle hésita.

— Pourrais-je vous poser une question, Votre Sainteté ?

— Mais bien sûr.

— Cela fait maintenant 20 ans que je cuisine pour vous, mais vous n'avez jamais essayé de me convertir. Pourquoi ?

— Quelle drôle de chose vous dites là, Mme Trinci ! fit Sa Sainteté en éclatant de rire, puis il saisit ses mains délicatement. Le but du bouddhisme n'est pas de convertir les gens. C'est de leur donner des outils afin qu'ils puissent jouir d'un plus grand bonheur. Ainsi, ils peuvent devenir des catholiques plus heureux, des athées plus heureux ou des bouddhistes plus heureux. Il existe plusieurs pratiques, et je sais que vous êtes déjà très familiarisée avec l'une d'entre elles.

Mme Trinci leva les sourcils.

— C'est un merveilleux paradoxe, continua Sa Sainteté. La meilleure façon de réaliser son propre bonheur est de faire le bonheur des autres.

Ce soir-là, je me suis assise sur mon rebord de fenêtre, puis j'ai observé la cour du temple. Je vais tenter une expérience, me suis-je dit. La prochaine fois que je ressentirai l'envie d'avoir un autre chat dans ma vie, je penserai à Sa Sainteté et à Mme Trinci, deux célibataires très heureux. Je me rappellerai qu'il faut faire le bonheur d'un autre, ne serait-ce qu'en lui accordant un doux ronron, afin de déplacer le centre de mes pensées non plus sur moi-même mais sur autrui. J'explorerai le « merveilleux paradoxe » dont a parlé le dalaï-lama pour voir si cela fonctionne.

Le simple fait de prendre cette décision m'a inexplicablement rendue plus légère ; je me libérais ainsi d'un poids et de bien des soucis. Ce n'était pas mes conditions de vie qui m'affligeaient, mais la façon dont je les percevais. En renonçant à l'idée que j'ai besoin d'un autre chat — idée qui me rend malheureuse, je convertirais ma prison en monastère.

C'est justement ce à quoi je réfléchissais quand quelque chose a attiré mon attention — un mouvement près d'une grosse roche, dans un parterre de fleurs de l'autre côté de la cour. La noirceur s'était déjà installée, mais la roche était éclairée par une lumière verte allumée toute la nuit sur l'étal d'un marché avoisinant. Je me suis arrêtée pendant un long moment, fixant le parterre à distance.

Non, je ne m'étais pas trompée ! Pétrifiée, j'ai commencé à distinguer les pourtours de la silhouette : grande, léonine, on aurait dit qu'une bête sauvage avait émergé de la jungle, avec des yeux bruns perçants et des rayures parfaitement symétriques. Un magnifique chat tigré.

Avec une grâce naturelle, il s'est hissé sur la roche, d'un mouvement aussi résolu qu'envoûtant. De là, il surveillait Jokhang, à la manière d'un propriétaire terrien surveillant les pavillons lointains de son empire. Puis il a tourné la tête en ma direction et a fixé ma fenêtre.

J'ai soutenu son regard.

Il n'a pas fait grand cas de ma présence. Il m'avait vue, j'en étais sûre, mais que pensait-il ? Personne n'aurait pu le savoir. Il ne laissait rien paraître.

Il est demeuré sur la roche un moment avant de disparaître dans le sous-bois, aussi mystérieusement qu'il était venu.

Dans l'obscurité croissante, des points lumineux sont apparus aux fenêtres du monastère de Namgyal ; les moines réintégraient leurs chambres.

La nuit semblait vibrer de possibilités.

CHAPITRE 3

Peut-on devenir célèbre par association ?

Bien que je ne m'étais jamais posé la question, j'ai trouvé la réponse dans les mois qui ont suivi mon arrivée à McLeod Ganj, en périphérie de Dharamsala. Mes excursions dans le monde extérieur s'étaient faites plus audacieuses et plus fréquentes ; je me familiarisais non seulement avec les appartements du dalaï-lama et le complexe bouddhique, mais avec le monde en bas de la colline de Jokhang.

Tout juste de l'autre côté des portes du temple, des marchands vendaient des fruits, des collations et tout autre produit frais, principalement aux résidents du quartier. Il y avait également quelques kiosques pour touristes, le plus grand et le plus resplendissant étant « S. J. Patel's Quality International Budget Tours ». Le propriétaire offrait un éventail de biens et de services des plus étendus, allant des visites locales autour de Dharamsala à des voyages au Népal. Les visiteurs qui s'arrêtaient à son kiosque pouvaient également acheter des cartes, des parapluies, des portables, des piles et des bouteilles d'eau. Depuis tôt le matin, jusqu'à tard après la fermeture des autres kiosques, on pouvait voir M. Patel en train de solliciter les touristes, de gesticuler avec emportement pendant qu'il parlait au téléphone ou, de temps en temps, de somnoler dans le siège passager de celle qui faisait sa fierté, sa Mercedes 1972 garée tout près.

M. Patel et les autres commerçants ayant très peu pour intéresser un chat, je n'ai pas mis longtemps avant de m'aventurer plus loin en bas de la colline. J'y ai trouvé un tas de petits magasins, l'un d'eux ayant tôt fait de titiller mes narines avec le bouquet d'arômes alléchants qui s'échappait des lieux.

Les bacs à fleurs, les tables sur la terrasse, les parasols rouges et jaunes ornés de symboles tibétains de circonstance, tous jalonnaient l'entrée du Café Franc, un bistrot d'où émanaient des parfums de pain chaud et de café fraîchement moulu, et auxquels se mélangeaient des effluves encore plus appétissants de feuilletés de poisson, de pâtés, ainsi que de sauce Mornay qui me mettait l'eau à la bouche.

Depuis un parterre de fleurs vis-à-vis du restaurant, j'observais le va-et-vient des touristes qui s'installaient sur la terrasse chaque jour : les randonneurs sérieux qui se réunissaient autour de leurs ordinateurs portables et de leurs smartphones pour planifier leurs expéditions, partageaient leurs photos et passaient des appels grésillants à leurs proches. Puis, il y avait les touristes spirituels qui visitaient l'Inde à la recherche d'expériences mystiques ; et enfin, les chasseurs de célébrité, ceux qui étaient venus ici dans l'espoir de prendre une photo du dalaï-lama.

Un homme semblait passer la majeure partie de son temps à cet endroit. Tôt le matin, il arrêtait le moteur de sa rutilante Fiat Punto rouge devant l'établissement, voiture dont l'originalité et le lustre détonaient avec cette rue délabrée de McLeod Ganj. Jaillissant de la porte du chauffeur, la tête entièrement chauve et polie, le costume ajusté, noir et élégant, il était suivi de près par un bouledogue français. Les deux se pavanaient jusqu'au café comme s'ils s'apprêtaient à monter sur scène. Lors de mes différentes visites au Café Franc, j'ai vu l'homme tant à l'intérieur qu'à l'extérieur, aboyant des ordres aux serveurs, s'installant à une table, penché sur des journaux et pressant les touches de son téléphone noir et luisant.

Je ne peux vous expliquer pourquoi, cher lecteur, je n'ai pas immédiatement compris de qui il s'agissait, ni deviné où ses positions chat versus chien se situaient, ni même estimé la folie évidente que représentait le fait de se rapprocher du Café Franc. Mais en vérité, j'étais peut-être généralement naïve parce qu'à l'époque, je n'étais guère plus qu'un chaton.

L'après-midi de ma visite fatidique, le chef du bistrot avait préparé un menu du jour des plus alléchants. L'arôme de poulet rôti s'était propagé jusqu'aux portes du temple, une invitation à laquelle il m'était impossible de résister. Dévalant la colline aussi vite que me le permettait ma démarche chancelante, il n'a pas fallu longtemps avant que je me retrouve à côté d'un bac de géraniums écarlates situé à l'entrée du café.

Sans stratégie autre que d'espérer par ma seule présence obtenir une généreuse part du festin — ce qui fonctionnait avec Mme Trinci — je me suis aventurée vers une table. Les quatre voyageurs assis là étaient trop attentifs à leurs cheeseburgers pour me prêter la moindre attention.

Je devais en faire davantage.

Attablé plus loin à l'intérieur, un homme plus âgé, de type méditerranéen, m'a regardée avec indifférence tandis qu'il sirotait un café noir.

Maintenant bien engagée à l'intérieur du restaurant, je me demandais où aller quand j'ai soudainement entendu un grognement. Le bouledogue français, à quelques mètres de distance seulement, me regardait d'un air menaçant. J'aurais dû ne rien faire du tout, sinon demeurer où j'étais et me hérisser furieusement. J'aurais dû traiter ce chien avec un tel mépris qu'il n'aurait pas osé s'approcher davantage.

Mais je n'étais encore qu'un jeune chaton insensé, et j'ai déguerpi. Ce qui n'a fait que provoquer la bête un peu plus. Un tonnerre de pattes s'est fait entendre alors qu'elle se précipitait vers moi. Une agitation de ses membres emplit mes oreilles tandis que je décampais aussi furieusement que mes jambes le permettaient. Puis soudain, j'entendis un grognement affreux tandis que le chien s'approchait de moi — quelle panique et quelle confusion ai-je ressenties quand je me suis trouvée prise au piège dans une pièce qui m'était inconnue ! Mon cœur battait si fort la chamade que j'ai cru qu'il allait exploser. En face de moi se trouvait un présentoir à journaux démodé qui ne donnait pas directement contre le mur. Sans autre option à ma disposition, et la bête qui était si près que je pouvais sentir son souffle répugnant et sulfurique, j'ai été contrainte de sauter sur le dessus du présentoir, puis de retomber sur le plancher, de l'autre côté, dans un bruit sec.

La victoire lui glissant si abruptement entre les mâchoires, le chien a disparu, complètement enragé. Il pouvait me voir quelques centimètres plus loin, mais il ne pouvait pas s'approcher. Pendant qu'il jappait de façon hystérique, des voix humaines s'élevaient.

— Un gros rat ! hurla quelqu'un.

— Là-bas ! cria un autre.

L'espace d'un instant, une ombre noire a plané au-dessus de moi, accompagnée d'un fort parfum après-rasage Kouros.

J'ai ensuite ressenti une curieuse sensation, une que je n'avais pas éprouvée depuis ma vie de nouveau-né. Une pression autour du cou, la sensation d'être soulevée. Saisie par la nuque, je me suis retrouvée à regarder le crâne chauve et les yeux noisette et sinistres de Franc, le propriétaire de l'établissement où j'étais entrée par infraction, le maître du bouledogue que j'avais enragé et, pire encore, un homme qui n'aimait pas les chats.

Le temps semblait s'être arrêté. Assez pour que je puisse observer la colère dans ses yeux saillants, les pulsations dans la veine bleue qui sinuait jusqu'à sa tempe, la crispation dans sa mâchoire serrée et ses lèvres plissées, ainsi que le lustre du symbole « Om » en or qui pendait de son oreille gauche.

— Un chat ! cria-t-il, comme si l'idée même était un affront. Marcel ! comment as-tu osé laisser cette… chose entrer ici ? dit-il avec un accent américain et un ton indigné.

Marcel s'éclipsa, effrayé.

Franc se déplaça vers l'avant du bistrot. Il allait clairement m'éjecter. Et l'idée me remplissait soudain de terreur. La plupart des chats sont capables d'encaisser les chutes sans le moindre mal. Mais je n'étais pas comme la plupart des chats. Mes jambes de derrière étaient déjà faibles et instables. Un impact supplémentaire pourrait leur causer un tort irréparable. Serais-je encore capable de marcher ? Pourrais-je seulement trouver mon chemin pour rentrer à Jokhang ?!

L'homme de type méditerranéen était toujours assis, calmement, café à la main. Les voyageurs étaient penchés sur leurs assiettes, mangeant des frites avec avidité. Personne n'allait venir à mon secours.

À l'instant où il se dirigeait vers le trottoir, l'expression sur le visage de Franc demeurait implacable. Il m'a soulevée encore plus haut. Il a pris son élan. Il s'apprêtait non seulement à me laisser tomber par terre, mais à me lancer comme un missile dans la rue, bien au-delà de son établissement.

C'est à ce moment que deux moines se sont trouvés à passer par là, alors qu'ils étaient en route vers Jokhang. M'apercevant, ils ont posé leurs mains sur leur cœur et se sont légèrement prosternés.

Franc s'est retourné pour voir qui était derrière lui. Ne trouvant ni lama ni aucun homme saint, il a curieusement regardé les moines.

— Le chat du dalaï-lama, expliqua l'un d'eux.

— Il a un très bon karma, ajouta son compagnon.

Un groupe de moines, qui marchait non loin derrière, s'est prosterné à la suite de ces derniers.

— Vous êtes sûrs ? demanda Franc étonné.

— Le chat de Sa Sainteté, répondirent-ils en chœur.

Le changement qui s'opéra chez Franc fut aussi complet qu'immédiat. Me plaquant contre sa poitrine, il m'a soigneusement déposée sur son autre bras, puis il s'est mis à me caresser de cette main qui, quelques secondes auparavant, était prête à me catapulter. Réintégrant le Café Franc, nous nous sommes dirigés vers une section où un présentoir de journaux et de magazines de langue anglaise conférait à l'endroit une certaine allure cosmopolite. Sur une large tablette, il y avait un espace vide entre le *Times* et le *Wall Street Journal*. C'est là que Franc m'a placée, aussi délicatement que si j'étais un vase de porcelaine ayant appartenu à la dynastie des Ming.

— Du lait chaud, ordonna-t-il au serveur qui passait par là. Avec du poulet du jour. Et ça presse !

Puis, comme Marcel se promenait aux alentours, montrant les dents, son propriétaire l'avertit :

— Si *tu* oses poser les yeux sur ce petit chéri, menaça-t-il en levant l'index, tu auras droit à du chien à l'indienne ce soir !

Le poulet est finalement arrivé et il était tout aussi délicieux que l'odeur qu'il dégageait. Revigorée et rassurée par mon statut nouvellement révélé — j'étais passée du bas de l'échelle à son sommet — je me suis trouvée une niche agréable entre les magazines *Vanity Fair* et *Vogue.* C'était une position plus appropriée pour la lionne des neiges de Jokhang, sans compter qu'elle offrait une bien meilleure vue sur le bistrot.

Le Café Franc était un pur hybride himalayen : la rencontre entre le chic métropolitain et la mystique bouddhiste. En plus du présentoir pour magazines de luxe, de la machine à expresso et des arrangements de table élégants, le café était décoré avec des statues de Bouddha, des *thangkas* et des objets rituels, comme l'intérieur d'un temple. Un mur affichait des cadres dorés avec des photos en noir et blanc du propriétaire. Franc présentant une écharpe blanche au dalaï-lama ; Franc béni par le Karmapa ; Franc se tenant aux côtés de Richard Gere ; Franc à l'entrée du monastère *Nid du tigre* au Bhoutan. Les clients pouvaient contempler ces photos tandis qu'un arrangement musical hypnotique du « Om mani padme hum », un chant bouddhiste tibétain, s'échappait des haut-parleurs.

M'installant confortablement dans ma nouvelle aire de repos, je suivais les allées et venues des clients avec grand intérêt. Mais lorsque deux filles américaines m'ont remarquée et qu'elles ont commencé à roucouler et à me caresser, Franc s'est approché d'elles.

— Le chat du dalaï-lama, murmura-t-il.

— Oh mon Dieu ! s'écrièrent-elles.

— Elle vient souvent ici, ajouta-il d'un ton blasé.

— Oh mon Dieu ! s'exclamèrent-elles de nouveau. Comment s'appelle-t-elle ?

Son visage vira au blanc un court instant, puis il se ressaisit :

— Rinpoché, dit-il. Ce qui veut dire précieux ; un titre très spécial, normalement réservé aux lamas.

— Oh mon Dieu ! Pourrions-nous, genre, prendre une photo avec elle ?

— Oui, mais sans flash, répondit Franc, austère. Rinpoché ne doit pas être dérangée.

Le scénario se répéta tout au long de la journée. « Le chat du dalaï-lama », disait-il, en soulignant ma présence d'un signe de tête pendant qu'il remettait l'addition aux clients. « Il adore notre poulet rôti. » À d'autres, il rajoutait : « Nous en prenons soin à la demande de Sa Sainteté. N'est-elle pas divine ? »

« Cela a trait au karma, aimait-il faire valoir. Rinpoché, ça veut dire précieux. »

À la maison, j'étais le CDSS, traité il est vrai avec beaucoup d'amour par le dalaï-lama, et une grande gentillesse par son personnel, mais je n'en demeurais pas moins un chat. Au Café Franc, toutefois, j'étais une célébrité ! À la maison, on me donnait des biscuits pour chats à l'heure du dîner, qui selon les fabricants, étaient conçus pour fournir aux chatons une nutrition entièrement équilibrée et favoriser la croissance. Au Café Franc, le bœuf bourguignon, le coq au vin et l'agneau à la provençale représentaient ma nourriture quotidienne, servie de plus à l'endroit même où je m'assoyais, sur un coussin en forme de lotus que Franc avait spécialement installé pour mon plus grand bonheur. Il n'a donc pas fallu longtemps avant que j'abandonne les biscuits de Jokhang au profit de visites régulières au Café Franc, à moins que la météo n'en décide autrement.

Mis à part la nourriture, le Café Franc était un merveilleux lieu de divertissement. L'arôme du café biologique torréfié exerçait un charme magnétique sur les visiteurs occidentaux, et ce, quel que soit leur âge, leur tempérament, leur couleur de peau, leur langue ou leur habillement. Après avoir passé toute ma jeune existence entourée de moines à la voix douce et revêtus de safran et de rouge, le Café Franc faisait figure de zoo.

Mais je n'ai pas mis beaucoup de temps à comprendre qu'en dépit de leurs différences apparentes, les touristes se ressemblaient de mille et une façons. Une d'entre elles, en particulier, m'apparaissait fort intrigante.

Les jours où Mme Trinci n'était pas à la cuisine, les repas en haut de la colline n'étaient jamais très élaborés. La plupart étaient à base de riz ou de nouilles, garnis de légumes, de poisson, ou, moins souvent, de viande. C'était le cas tant dans les appartements du dalaï-lama que dans les cuisines du monastère, où des novices remuaient d'énormes marmites de ragoût de riz ou de légumes à l'aide de louches de la taille d'un balai. Mais même si on utilisait que des ingrédients de base, le temps des repas était source de grand plaisir et de délectation. Les moines mangeaient lentement, dans un silence convivial, savourant chaque bouchée. De temps à autre, on pouvait entendre une observation au sujet de la saveur d'une épice ou de la texture du riz.

De par l'expression qui se lisait sur leur visage, c'est comme s'ils étaient dans un voyage d'exploration : à quel plaisir sensoriel auraient-ils droit aujourd'hui ? Quelle nuance percevraient-ils qui serait subtilement différente ou agréable ?

Une petite trotte, chancelante, vers le bas de la côte jusqu'au Café Franc, et nous étions dans un univers complètement différent. De ma position sur la tablette supérieure du porte-magazines, je pouvais directement voir à travers le panneau de verre de la porte qui donnait sur la cuisine. Bien avant l'aube, deux frères népalais, Jigme et Ngawang Dragpa, travaillaient dur à préparer des croissants, du pain au chocolat et toutes sortes de pâtisseries, ainsi que du pain au levain, français, italien et turc.

Au moment où les portes du café s'ouvraient, à 7 h du matin, les frères Dragpa se lançaient dans la préparation du déjeuner qui comprenait des œufs — frits, pochés, brouillés, bouillis, bénédictine, florentine ou en omelette — ainsi que des pommes de terre rissolées, du bacon, des chipolatas, des champignons, des tomates et du pain doré, de même qu'un buffet de muesli, de céréales et de jus de fruits, et une gamme complète de thés et de cafés préparés par un barista. À 11 h, le déjeuner se transforme en dîner, ce qui exige un menu entièrement nouveau et d'une complexité encore plus grande et auquel succède, peu après, une gamme encore plus diverse de plats afin d'agrémenter le menu du soir.

Jamais n'avais-je vu une telle variété d'aliments, cuisinés avec un tel degré d'exigence, et avec des ingrédients provenant de chaque continent. La poignée de pots d'épices qui traînaient dans la cuisine du monastère semblait maintenant tout à fait insuffisante devant les nombreuses étagères d'épices, de sauces, de condiments et d'assaisonnements qui trônaient dans la cuisine du Café Franc.

Si les moines en haut de la colline pouvaient trouver tant de plaisir dans des mets aussi peu recherchés, l'exquise cuisine qui était servie aux clients du Café Franc ne pouvait-elle pas, à juste titre, être la cause d'une extase propre à donner des frissons, à rentrer ses griffes et à faire trembler ses moustaches ?

Apparemment, non.

Après les premières bouchées ou gorgées, la plupart des clients du Café Franc ne portaient plus attention à leur nourriture ou à leur café. En dépit de toutes les préparations élaborées, pour lesquelles ils payaient d'ailleurs un prix élevé, ils ignoraient pratiquement leur nourriture, trop occupés qu'ils étaient à converser, à échanger des SMS avec leurs amis, ou à lire les journaux étrangers que Franc récupérait au bureau de poste chaque matin.

Tout ça me laissait perplexe. C'était presque comme s'ils ne savaient pas *comment* manger.

Plusieurs de ces mêmes touristes logeaient dans des hôtels où de l'équipement leur était fourni pour se faire du café et du thé à même leur chambre. S'ils voulaient boire une tasse de café sans vraiment la déguster, pourquoi ne le faisaient-ils pas gratuitement dans leur chambre d'hôtel ? Pourquoi débourser trois dollars pour *ne pas* boire une tasse de café au Café Franc ?

Ce sont les deux adjoints exécutifs de Sa Sainteté qui m'ont aidée à donner un sens à ce qui se produisait. J'en étais à me reposer dans la pièce commune, le matin même qui avait suivi ma première visite au Café Franc, quand Chogyal s'est levé de son bureau.

— J'aime cette définition de la pleine conscience, dit-il à Tenzin alors qu'il lisait un des nombreux manuscrits que des auteurs envoyaient chaque semaine à Sa Sainteté dans l'espoir qu'elle accepte d'en signer la préface. La pleine conscience signifie prêter attention au moment présent de façon délibérée et sans porter de jugement. Chouette et précis, n'est-ce pas ?

Tenzin hocha la tête.

— Ne pas s'arrêter aux pensées tournées vers le passé, l'avenir ou quelque fantasme que ce soit, poursuivit Chogyal.

— J'aime bien la définition encore plus simple qui a été formulée par Sogyal Rinpoché, continua Tenzin en se rassoyant. Une pure présence.

— Hum, considéra Chogyal. Aucune agitation ou élaboration mentale que ce soit.

— Exactement, confirma Tenzin. La base de toute satisfaction.

Lors de ma visite suivante au Café Franc, ayant fait mes délices d'une copieuse portion de saumon fumé écossais, accompagnée de crème fraîche particulièrement épaisse — un repas, je peux vous l'assurer, que j'ai dévoré avec une pleine conscience aussi intense que bruyante — je me suis installée sur mon coussin en forme de lotus, entre les deux dernières éditions des magazines de mode, et j'ai continué d'observer la clientèle.

Plus j'observais, plus ça devenait évident : ce qui manquait, c'était la pleine conscience. Assis à quelques mètres seulement de la résidence du dalaï-lama, dans ce parc thématique en l'honneur du bouddhisme tibétain qu'était le Café Franc, plutôt que de profiter du moment et de cet endroit unique, les clients semblaient le plus souvent mentalement ailleurs, voire absents.

Moi qui me déplaçais de plus en plus souvent entre Jokhang et le Café Franc, j'ai pu constater qu'en haut de la colline, le bonheur était recherché en cultivant des qualités intérieures, qui commençaient par la pleine conscience, mais qui s'étendaient aussi à la générosité, à la sérénité et à la bonté. En bas de la colline, le bonheur était recherché dans les choses extérieures : la nourriture, les vacances stimulantes et une technologie ultrarapide. Cependant, il semblait n'y avoir aucune raison pour que des êtres humains ne puissent avoir les deux : nous, les chats, savons depuis longtemps qu'être pleinement conscients d'une nourriture délicieuse figure parmi les plus grands bonheurs imaginables !

Un jour, un couple intéressant est apparu au Café Franc. Au premier coup d'œil, ils étaient tout ce qu'il y a de plus ordinaire : des Américains d'une cinquantaine d'années en jean et sweat-shirt. Ils sont arrivés pendant un temps mort de l'avant-midi, et Franc s'est pavané autour de leur table, dans son nouveau jean noir Emporio Armani.

— Et comment allons-nous ce matin ? demanda-t-il, comme il le faisait habituellement pour briser la glace.

Pendant que Franc prenait leur commande, l'homme a posé des questions sur les ficelles colorées autour de son poignet, et Franc a déballé l'histoire avec laquelle j'étais maintenant si familière :

— Ce sont des ficelles de bénédiction, et on les obtient d'un lama quand on se soumet à des initiations spéciales. Le rouge correspond aux initiations de Kalachakra que j'ai reçues du dalaï-lama en 2008. Les bleus me viennent d'initiations propres au vajrayana que j'ai reçues à Boulder, à San Francisco et à New York, en 2006, 2008 et 2010. J'ai obtenu les jaunes lors de cérémonies de titularisation à Melbourne, en Écosse et à Goa.

— Très intéressant, répondit l'homme.

— Oh ! le dharma, c'est ma vie, déclara Franc en posant de façon théâtrale la main sur son cœur.

Puis, inclinant la tête en ma direction :

— Avez-vous vu notre petit ami ? Le chat du dalaï-lama. Il est tout le temps ici. Un lien karmique le lie étroitement à Sa Sainteté.

Et, se penchant encore plus en ma direction, il confia, comme il le faisait une douzaine de fois par jour :

— Nous sommes au cœur du bouddhisme tibétain ici. L'épicentre incontesté !

Difficile de dire ce que le couple a ensuite pensé de Franc. Mais ce qui les distinguait des autres visiteurs, c'est que lorsque le café est arrivé, ils ont arrêté leur conversation et ont réellement goûté au contenu de leurs tasses. Non seulement à la première gorgée, mais lors de la deuxième, de la troisième et des suivantes. À l'instar des moines de Jokhang, ces deux-là prêtaient délibérément attention au moment présent. Ils se délectaient du café. Appréciaient leurs environs. Expérimentaient ce qu'est la pure présence.

Ce qui explique que lorsqu'ils ont repris leur conversation, je les ai épiés avec un intérêt particulier. Ce que j'ai entendu n'était pas de nature à m'étonner. L'homme, un chercheur américain dans le domaine de la pleine conscience, entretenait son épouse au sujet d'un article qui était paru dans la *Harvard Gazette*.

— Ils ont recouru à un échantillon de plus de 2000 personnes disposant de smartphones, et ils leur ont envoyé des questions pendant la semaine, à des intervalles aléatoires. Toujours les mêmes trois questions : *Que faites-vous ? À quoi pensez-vous ? À quel point êtes-vous heureux ?* Ce qu'ils ont découvert, c'est que 47 % du temps, les gens ne pensaient pas à ce qu'ils faisaient.

Son épouse leva les sourcils.

— Personnellement, je pense que ce chiffre est un peu bas, a-t-il ajouté. La moitié du temps, les gens ne se concentrent pas sur ce qu'ils font. Mais le point le plus intéressant, c'est la corrélation qui existe avec le bonheur. Ils ont constaté que les gens sont beaucoup plus heureux quand ils sont conscients de ce qu'ils font.

— Parce qu'ils ne prêtent attention qu'aux choses qu'ils aiment ? demanda son épouse.

— Il semblerait que ce n'est pas tellement ce que l'on fait qui nous rend heureux, mais le fait d'en être conscient ou non, dit-il en secouant la tête. Le plus important, c'est de vivre l'état présent, c'est d'être dans l'ici et maintenant. Ce n'est pas être dans un état narratif — il fit tourner son index à hauteur de sa tempe — ce qui veut dire penser à n'importe quoi, sauf à ce que l'on fait réellement.

— C'est ce que les bouddhistes ont toujours dit, renchérit son épouse.

Son mari opina du chef.

— Seulement, ces concepts se perdent parfois dans leur interprétation. On tombe par hasard sur des personnes, comme le propriétaire de ce bistro, qui portent le bouddhisme comme un insigne. Pour elles, c'est un prolongement de leur ego ; une manière de se présenter comme différentes ou spéciales. Elles semblent croire que tout repose sur des facteurs externes, alors que la seule chose qui importe vraiment, c'est leur transformation intérieure.

Quelques semaines plus tard, après le repas du midi, je faisais une sieste sur l'étagère supérieure quand je me suis réveillée face à un visage très familier, mais qui se trouvait hors de son contexte. Tenzin se tenait au milieu du Café Franc, regardant tout droit en ma direction.

— Vous avez remarqué notre beau visiteur ? lui demanda Franc en me jetant un regard.

— Oh oui. Très beau, dit l'ambassadeur Tenzin, dans son costume élégant.

— Le chat du dalaï-lama, fit l'autre.

— Vraiment ?

— Il vient tout le temps ici.

— Incroyable !

L'habituelle odeur de phénol des doigts de Tenzin était mélangée à un fort relent de Kouros alors qu'il étirait le bras pour me gratter le menton.

— Un lien karmique très étroit le lie à Sa Sainteté, lança Franc à l'intention du bras droit de Sa Sainteté.

— Je suis sûr que vous avez raison, réfléchit Tenzin, avant de poser une question que Franc n'avait pas encore abordée.

— Je me demande si les gens de la résidence de Sa Sainteté s'ennuient d'elle quand elle vient ici vous visiter.

— J'en doute beaucoup, répondit doucement Franc. Mais si le personnel de Sa Sainteté la trouvait ici, il constaterait tout de suite à quel point elle est bien traitée.

— Voilà un joli coussin.

— Ce n'est pas qu'une question de coussin, cher. Mais surtout de nourriture.

— Est-elle affamée ?

— Elle adore sa nourriture. Elle en *raffole.*

— Peut-être ne mange-t-elle pas à sa faim à Jokhang ? suggéra Tenzin.

— J'en doute beaucoup. C'est seulement que Rinpoché a des goûts particuliers.

— Rinpoché ? demanda Tenzin avec une drôle d'expression.

— C'est son nom.

Franc l'avait maintenant prononcé tant de fois qu'il en était réellement venu à le croire.

— Et vous pouvez voir pourquoi, n'est-ce pas ?

— Comme nous le dit le Dharma (la réponse de Tenzin était énigmatique), *tout* dépend de l'esprit.

De retour à la maison, plusieurs après-midis plus tard, Tenzin était assis à l'opposé de Sa Sainteté dans la pièce commune. C'était en quelque sorte un rituel de fin de journée ; Tenzin informait Sa Sainteté de l'évolution de toute situation importante, et les deux échangeaient sur ce qui devait être fait, tout en dégustant quelques tasses de thé vert fraîchement préparées.

J'étais sur mon rebord de fenêtre habituel, observant le soleil passer sous la ligne d'horizon et ne suivant qu'à moitié la discussion, laquelle s'étendait comme à l'habitude, de la géopolitique mondiale aux aspects les plus subtils de la philosophie bouddhiste ésotérique.

— Oh, Votre Sainteté, passant maintenant à des enjeux plus importants…

Tenzin referma le dossier « Nations Unies » devant lui :

— Je suis heureux de vous dire que j'ai résolu le mystère entourant les troubles alimentaires du CDSS.

Une lueur est apparue dans les yeux du dalaï-lama alors qu'il répondait à l'expression qui s'était dessinée sur le visage de Tenzin.

— S'il vous plaît, dit-il en se calant de nouveau dans son fauteuil, continuez.

— Il semble que notre petite lionne des neiges n'a pas vraiment perdu son appétit après tout. Bien au contraire, elle a trouvé son chemin jusqu'au bistrot, en bas de la colline, qui appartient à notre ami, le designer bouddhiste.

— Bistrot ?

— Juste en bas de la colline, fit-il en gesticulant. Avec tous ses parasols rouges et jaunes à l'extérieur.

— Ah oui. Je reconnais l'endroit, dit le dalaï-lama en hochant la tête. J'ai entendu dire qu'ils servaient de la très bonne nourriture. Je suis étonné qu'elle n'y ait pas complètement déménagé ses pénates !

— C'est que le propriétaire aime énormément les chiens.

— Vraiment ?

— Il affectionne même une race en particulier.

— Mais il n'oublie pas de nourrir notre petite chatte ?

— Il la vénère parce qu'il sait qu'elle vit avec vous.

Sa Sainteté pouffa de rire.

— Mais ce n'est pas tout. Il lui a donné le nom de Rinpoché.

— *Rinpoché*?

C'en était trop pour le dalaï-lama, qui éclata de rire.

— Oui, poursuivit Tenzin, tandis que les deux se retournaient pour me regarder. Drôle de nom pour un chat.

Une brise de fin d'après-midi charriait un parfum de pin himalayen à travers la fenêtre ouverte.

L'expression de Sa Sainteté était pensive.

— Mais si ce nom a aidé le propriétaire du restaurant à apporter plus de sérénité aux chiens *et* aux chats, ce n'est peut-être pas un si mauvais nom. Pour lui, donc, elle serait précieuse.

Se levant de sa chaise, le dalaï-lama s'est approché pour me caresser.

— Vous savez, Tenzin, parfois si je travaille à mon bureau trop longtemps, notre petite lionne des neiges vient et elle se frotte contre mes jambes. Parfois, elle mord même mes chevilles jusqu'à ce que je m'arrête. Elle veut que je la prenne et que je lui dise bonjour afin que nous passions quelques moments ensemble, juste tous les deux.

Pour moi, poursuivit-il, elle est une merveilleuse façon de me rappeler qu'il faut vivre le moment présent, être dans l'ici et maintenant. Que pourrait-il y avoir de plus précieux ? Alors je suppose — et il me regarda avec cet amour océanique — qu'elle est ma Rinpoché, à moi aussi.

CHAPITRE 4

Le ciel s'était obscurci et la journée s'annonçait peu prometteuse quand j'ai quitté le bureau du dalaï-lama pour me glisser dans celui de ses adjoints. Il s'avéra que Chogyal et Tenzin étaient tous deux absents, mais le bureau n'avait pas complètement été laissé sans surveillance.

Là, couché en boule dans un panier d'osier près du radiateur, se trouvait un Lhassa apso.

Pour ceux qui ne connaîtraient pas beaucoup la race, les Lhassa apso sont de petits chiens au poil long qui étaient autrefois utilisés pour garder les monastères du Tibet. Ils ont une place spéciale dans le cœur des Tibétains — parfois, du rebord de ma fenêtre, je vois des visiteurs pratiquer des circumambulations[3] autour du temple avec leur Lhassa apso, un rite censé leur attirer une réincarnation

3. N.d.T. : Rite qui consiste à tourner autour d'un symbole ou à l'intérieur de celui-ci.

plus élevée. Mais en voir un d'aussi près de mon propre sanctuaire intérieur relevait de la surprise la plus fâcheuse.

Somnolant dans son panier quand j'entrai dans la pièce, le chien se contenta de lever le museau, d'humer l'air, puis décidant de ne prendre aucun risque, d'enfouir à nouveau sa tête hirsute dans son panier. Pour ma part, je passai à côté de lui tout en ignorant son existence, puis je bondis sur le bureau de Chogyal et, de là, jusqu'à ma plate-forme d'observation préférée, sur le classeur en bois.

Quelques instants plus tard, Chogyal réintégrait les lieux. Se penchant sur le petit chien, il le caressa et lui parla sur ce ton familier et attachant que je n'aurais jamais cru le voir utiliser avec d'autres. Les poils de mon dos se hérissèrent à mesure que la trahison se fit on ne peut plus évidente. Indifférent à mon égard, Chogyal passa un long moment à caresser la bête — laquelle me paraissait plutôt décharnée — la rassurant de son regard bienveillant, de son tempérament agréable, et des petits soins qu'il s'apprêtait à lui donner. À peu de choses près, les mêmes sentiments qu'il me chuchotait habituellement à l'oreille — et que j'avais toujours cru sincères et venant du cœur. En l'écoutant répéter ces mots à cet intrus au poil terne et au regard éteint, je saisissais que loin d'être exclusifs, ces mots n'étaient que des expressions qu'il répétait couramment à n'importe quelle créature pourvue de quatre pattes et de poils au visage.

Et moi qui croyais que notre relation avait quelque chose d'unique !

Chogyal reprit sa place à son bureau. Tapant sur son clavier, il ne se rendit pas compte que je me reposais à proximité et que j'avais tout vu. Quand Tenzin arriva, environ 20 minutes plus tard, il reconnut aussi la présence du chien, l'appelant par son nom — Kyïe Kyïe, en étirant le « i » — avant de s'asseoir à son bureau.

J'avais du mal à croire que les deux pouvaient demeurer là, à lire et à répondre aux mails comme si de rien n'était. Mais les choses empirèrent quand le traducteur du dalaï-lama arriva avec un nouveau manuscrit sous le bras. Lobsang était grand, mince et jeune, et la tranquillité semblait exsuder de chaque pore de sa peau. Je croyais compter parmi ses préférés, mais il se pencha lui aussi pour caresser le nouveau venu avant même de venir me saluer.

— Et comment va notre petite lionne des neiges aujourd'hui ?

Il commença à me chatouiller sous le menton, quand je refermai l'étau de mes dents acérées sur ses doigts.

— Je ne m'étais pas rendu compte qu'elle avait rencontré notre invité spécial, dit Chogyal en me regardant de son sourire habituel, comme si j'étais censée être aussi ravie qu'il l'était.

— Pas nécessairement un invité spécial pour *elle*, fit observer Tenzin. Mais j'espère qu'il y a une petite place dans son cœur pour Kyïe Kyïe, ajouta-t-il en me regardant droit dans les yeux.

Les yeux assombris par le mécontentement, je desserrai mon emprise sur la main de Lobsang et redescendis sur le bureau, puis sur le plancher et quittai la pièce, les oreilles rabattues vers l'arrière. Ce que les trois assistants du dalaï-lama ne semblèrent pas remarquer.

À l'heure du dîner, je vis Chogyal sortir pour aller promener le chien. Kyïe Kyïe trottait bien obéissant auprès de lui pendant qu'ils procédaient à des circumambulations autour du temple — et il y eut beaucoup d'arrêts et de câlins de la part des Tibétains admiratifs, tandis qu'ils passaient et repassaient devant le complexe bouddhique.

Dans la cuisine, Chogyal nous servit notre repas à l'heure normale. Mais j'aurais pu difficilement éviter de comparer le monticule énorme de nourriture qu'on avait servi à Kyïe Kyïe avec mon humble ration habituelle. Ou le fait que Chogyal était resté là pour veiller sur le chien, tandis que ce dernier dévorait son repas, et que Chogyal le cajolait en guise de félicitations, alors que j'étais, pour ma part, laissée à moi-même.

Lorsque plus tard, on rencontra le dalaï-lama dans le couloir, il s'est aussi accroupi pour dire bonjour au chien.

— Oh, si ce n'est pas Kyïe Kyïe ? fit-il remarquer, caressant le chien avec beaucoup plus de tendresse que je ne l'aurais souhaité. Joli coloris ! Quel beau petit chien !

Ils en devenaient tous si gagas, comme s'ils n'avaient jamais vu de Lhassa apso auparavant ! Et en dépit de tout ce papotage, on n'avait encore répondu à aucune de mes questions : Qu'est-ce que le chien fait ici ? Combien de temps restera-t-il avec nous ?

J'espérais ardemment que le dalaï-lama ne projetait pas de l'adopter. Il n'y avait pas de place dans cette relation pour nous trois.

Mais le surlendemain, quand je me suis risquée à sortir, Kyïe Kyïe était encore là dans son panier.

Même chose le jour suivant.

C'est pourquoi cette semaine-là, lorsqu'un autre visiteur d'une stature un peu plus imposante vint briser notre routine, il fut favorablement accueilli.

Tout le monde à McLeod Ganj sut que quelqu'un de spécial arrivait à Jokhang quand on aperçut un énorme Range Rover noir en train de rouler lourdement vers le haut de la colline. Touristes et gens du coin se retournèrent pour regarder cette apparition si brillante, si onéreuse et envahissante, si discordante avec le reste de la ville, qu'on aurait cru qu'elle s'était matérialisée depuis une autre planète. Mais qui pouvait bien se trouver derrière ces fenêtres teintées de noir ? Qu'avait fait ce visiteur pour que sa venue nécessite un tel anonymat extravagant ?

Une question à laquelle tout le monde aurait pu répondre, cependant, portait sur l'identité de la personne qu'il venait rencontrer. Et à ce sujet, lentement mais sûrement, le Range Rover finit par traverser les barrières conduisant jusque chez Rinpoché, le Bodhi*chat*va, la lionne des neiges de Jokhang, la plus belle créature qui ait jamais existé — sans oublier son compagnon humain.

J'ai reconnu le visiteur au moment où il fit son entrée dans le bureau de Sa Sainteté. Il était, après tout, l'un des gourous du développement personnel les plus réputés dans le monde, et ce, depuis longtemps. Son visage apparaissait sur les couvertures de millions de livres et de DVD. Il avait fait la tournée des capitales du monde et il s'était adressé à des foules gigantesques dans les plus grands stades de la planète. Il avait ses adeptes parmi le gratin d'Hollywood, il avait rencontré des présidents américains, et il faisait régulièrement des apparitions dans les émissions de variétés les plus regardées.

Toutefois, mon sens profond de la discrétion m'empêche de vous dire de qui il s'agissait... surtout à la lumière des révélations-chocs qu'il était sur le point de faire, et qu'il ne réservait certainement pas à un auditoire élargi. Quoi qu'il en soit, je peux vous dire qu'à l'instant où il franchissait une porte, sa présence s'imposait partout dans la pièce. Comme si le seul fait qu'il soit là vous obligeait à le regarder.

Naturellement, le dalaï-lama en impose également par sa présence, mais d'une façon complètement différente. Dans le cas de Sa Sainteté, ce n'est pas tellement une question de présence personnelle que de rencontre avec la Bienveillance. À la seconde où vous vous retrouvez avec elle, vous êtes absorbé dans un état de conscience où vos pensées et vos soucis habituels s'estompent tellement qu'ils perdent de leur pertinence. Et vous vous rendez compte — étrangement, vous vous *rappelez* plutôt — que votre nature essentielle en est une d'amour illimité et que, ce faisant, tout va bien.

Notre invité — appelons-le simplement Jack — poursuivit sa course vers Sa Sainteté, lui présenta une écharpe à la manière traditionnelle, et s'assit bientôt à ses côtés, dans le fauteuil inclinable réservé aux visiteurs. C'étaient à peu de choses près les mêmes gestes qu'effectuaient la plupart des visiteurs, mais la façon dont Jack s'y était pris leur avait conféré en quelque sorte un pouvoir supplémentaire — comme si chaque mot, chaque geste, avait été imprégné de la plus haute importance. Leur conversation commença par les plaisanteries habituelles, puis Jack offrit à Sa Sainteté un exemplaire de son dernier ouvrage. Au moment où il lui parla de sa dernière tournée mondiale, un an plus tôt, il était hypnotisant. Et quand il décrivit un film dans lequel il avait récemment fait une apparition, il était facile d'imaginer son charisme porté à l'écran.

Mais après dix minutes, la conversation laissa place au silence. Sa Sainteté était calée dans son fauteuil, détendue, attentive, un doux sourire sur le visage. Il sembla que malgré toute l'assurance dont Jack était capable, il avait du mal à en venir aux faits. Pourquoi était-il donc venu à Jokhang ? À la fin, quand il reprit la parole, quelque chose d'extraordinaire commença à se dévoiler.

— Votre Sainteté, comme vous pouvez le constater, j'ai travaillé comme coach de vie pendant plus de 20 ans. J'ai aidé des millions de personnes à travers le monde à trouver leurs passions, à réaliser leurs rêves et à vivre une existence remplie de succès et d'abondance.

Les mots lui venaient maintenant spontanément et sans effort, mais pendant qu'il parlait, quelque chose changeait en lui. Quelque chose que j'avais du mal à identifier.

— J'ai aidé des tas de gens à développer un sentiment d'accomplissement dans toutes les sphères de leur vie, et pas seulement la sphère matérielle.

Jack continua :

— Je les ai motivés à trouver leurs talents et leurs capacités individuelles. À entretenir des relations interpersonnelles fructueuses.

À chaque phrase qu'il prononçait, il semblait perdre un peu plus de son lustre. On aurait dit qu'il rapetissait, presque physiquement, dans sa chaise.

— J'ai créé la plus grande société de développement personnel en Amérique, probablement dans le monde…

Ses confidences prenaient l'apparence d'un aveu d'échec.

— Par le fait même, je suis devenu un homme très riche, à qui tout réussit.

Cette dernière phrase était la plus sentie de toutes. Tandis qu'il exprimait avoir accompli tout ce qu'il voulait réaliser, il semblait du même coup admettre à quel point tout ça lui avait mal servi. Il se pencha en avant, les épaules rentrées et les coudes posés sur les genoux. Il avait l'air piteux. Quand il leva les yeux vers Sa Sainteté, son regard était implorant.

— Mais ça ne marche pas pour moi.

Sa Sainteté le regarda avec empathie.

— Lors de notre dernière tournée mondiale, chaque soirée me rapportait un quart de million de dollars. Nous avons rempli les plus grands amphithéâtres des États-Unis. Mais je ne me suis jamais senti aussi vide. Motiver les gens à être prospères, à réussir et à avoir des relations épanouissantes, tout ça me paraissait soudain insensé. Il fut un temps où c'était mon rêve, certes, mais plus maintenant.

Je suis rentré chez moi et j'ai dit à tout le monde que j'avais besoin d'une pause. J'ai cessé mon travail. Je me suis laissé pousser la barbe. J'ai passé beaucoup de temps à la maison, simplement à lire et à m'occuper du jardin. Mon épouse, Bree, n'a pas apprécié. Elle préférait passer ses fins de semaine en compagnie de célébrités, faire la fête et se retrouver dans les journaux à potins. Au début, elle a pensé que j'avais ma crise de la quarantaine. Et puis nos rapports sont devenus acrimonieux. Notre relation se détériorait de plus en plus, jusqu'au jour où elle a demandé le divorce. C'était il y a trois mois. En ce moment, je suis si perdu que je ne sais plus quoi faire.

Et il y a pire, poursuivit-il, je me sens réellement mal de me sentir mal. La plupart des gens croient que je vis un conte de fées. Ils s'imaginent que je mène une vie incroyablement remplie et heureuse. Je les ai encouragés à penser cela, parce que j'ai vraiment cru que c'était vrai. Mais j'avais tort. Ce n'est pas vrai. Ça ne l'a jamais été.

L'autorité impériale s'était évaporée, le charisme s'était dissout, ne laissant qu'un homme triste et défait. Il était impossible de ne pas éprouver de compassion pour Jack. La différence entre la personnalité qu'il projetait et l'homme qui se révélait devant nous ne pouvait être plus grande. Vus de l'extérieur, sa richesse, sa renommée et son statut de gourou semblaient le prémunir contre les aléas de la vie mieux que la plupart des gens. C'était maintenant tout le contraire.

Le dalaï-lama se pencha vers l'avant :

— Je suis désolé que vous éprouviez tant de difficultés. Mais il y a une autre façon de voir les choses. Ce que vous vivez en ce moment vous est très utile.

Peut-être que plus tard vous trouverez même que c'est la meilleure chose qui ne vous soit jamais arrivée. L'insatisfaction à l'égard du monde matériel est, comment dire, essentielle au développement spirituel.

L'idée selon laquelle ses déboires actuels lui étaient à certains égards utiles avait pris Jack par surprise. Mais la réponse du dalaï-lama l'avait également laissé perplexe.

— Vous ne dites quand même pas que la richesse est quelque chose de mal, n'est-ce pas ?

— Oh non, répondit Sa Sainteté. La richesse est une forme de pouvoir, une énergie. Elle peut être des plus bénéfiques si elle est utilisée à bon escient. Mais, comme vous voyez, elle n'est pas en soi une source véritable de bonheur. Certaines des personnes les plus heureuses que je connaisse ont très peu d'argent.

— Et qu'en est-il du fait de développer ses talents particuliers ? demanda Jack qui avait bifurqué vers une autre de ses vieilles certitudes. Diriez-vous qu'on n'y trouve pas son bonheur non plus ?

Le dalaï-lama sourit.

— Nous avons tous certaines prédispositions. Quelques forces particulières. Cultiver ses talents peut être très utile. Mais comme avec l'argent, ce qui importe ce ne sont pas les talents eux-mêmes, mais ce qu'on en fait.

— Et que penser du romantisme et de l'amour ?

Jack était sur le point de perdre ses dernières illusions par rapport à son vieux credo. Pas étonnant que son propre scepticisme remontait à la surface.

— Vous et votre épouse avez été heureux en amour pendant longtemps ?

— Pendant 18 ans.

— Et puis, dit Sa Sainteté en tournant ses paumes vers le haut, il y a le changement. L'éphémère. C'est la nature de toutes choses, surtout de nos relations personnelles. Elles ne sont certainement pas une réelle source de bonheur.

— Quand vous dites « réelle source », à quoi pensez-vous ?

— Une source sur laquelle on peut compter. Qui ne se tarit jamais. La chaleur appliquée à l'eau est une réelle source de vapeur. Peu importe qui applique la chaleur, combien de fois elle a été appliquée auparavant, ou l'endroit où elle est appliquée, le résultat est toujours le même : la chaleur appliquée à l'eau est source de vapeur. Dans le cas de l'argent, du statut social ou des relations interpersonnelles — Sa Sainteté eut un petit rire —, nous pouvons facilement voir que ce ne sont pas de réelles sources de bonheur.

Tandis que la véracité de ce que disait le dalaï-lama était corroborée par sa propre expérience, la simplicité et la clarté avec lesquelles il l'avait dit semblaient surprendre notre visiteur.

— De penser que toutes ces années où je prêchais l'évangile du développement personnel, j'avais tout faux…

— Ne soyez pas si dur envers vous-même, lui dit Sa Sainteté. Si vous aidez des personnes à mener une vie plus positive, qui profitent aux autres aussi bien qu'à elles-mêmes, c'est une bonne chose. Une très bonne chose même. Le danger avec le développement personnel, c'est qu'il peut nous mener à plus de narcissisme, d'égocentrisme ou d'infatuation, lesquels ne sont pas de réelles sources de bonheur. Tout le contraire.

Jack prit un moment pour analyser tout ceci, puis demanda :

— Mais ces réelles sources de bonheur, devons-nous les découvrir nous-mêmes, ou tiennent-elles de principes généraux ? Devons-nous, par exemple, tourner le dos au monde matériel ?

Il n'en fallut pas plus pour que le dalaï-lama se mette à rire.

— Oh non ! dit-il, se faire moine n'est pas une réelle source de bonheur non plus !

Puis, adoptant une expression plus sérieuse :

— Nous devons tous découvrir nos propres façons de cultiver le bonheur, mais il y a des principes généraux. Deux sources de bonheur principales : d'abord, le désir de faire le bonheur des autres, ce que les bouddhistes définissent comme l'amour ; ensuite, le désir d'aider les autres à se défaire du mécontentement et de leurs souffrances, ce que nous définissons comme la compassion.

Le changement principal, voyez-vous, c'est de placer *les autres* au centre de nos préoccupations plutôt que *soi-même.* C'est — comment dites-vous ? — un paradoxe de voir que plus nous nous concentrons sur le bien-être des autres, plus nous devenons heureux nous-mêmes. Le premier bénéficiaire n'est nul autre que soi. C'est ce que j'appelle être sagement égoïste.

— Intéressante philosophie, concéda Jack. Sagement égoïste.

— Nous devrions contre-vérifier ces principes à l'aide de notre expérience personnelle pour voir s'ils sont vrais, poursuivit Sa Sainteté. Par exemple, réfléchissez à ces moments dans votre vie où vous avez éprouvé une grande satisfaction. Peut-être constaterez-vous que vos pensées étaient alors tournées vers quelqu'un d'autre. Comparez-les maintenant à vos périodes de grande tristesse, de contrariété. À qui pensiez-vous alors ?

Jack y réfléchissait encore quand Sa Sainteté reprit ses explications :

— La recherche scientifique est de la plus grande utilité. Des examens par IRM ont été réalisés sur des gens qui pratiquent la méditation alors qu'ils se concentraient sur différents sujets. Nous nous attendions à ce que ces adeptes de la méditation éprouvent un maximum de bonheur lorsque leurs esprits sont calmes et décontractés. Mais le cortex préfrontal du cerveau, la partie liée aux émotions positives, s'illumine lorsque les gens méditent sur le bonheur d'autrui. Par conséquent, plus nous sommes « alter-centrés », plus nous risquons d'être heureux.

Jack hocha la tête.

— Le développement personnel ne nous amène qu'au point B. Si nous voulons nous rendre au point C, il nous faut ensuite opter pour un « alter-développement ».

Le dalaï-lama joignit les deux mains, puis il sourit.

— Exactement.

Le visiteur prit une pause avant de poursuivre :

— Maintenant, je comprends pourquoi vous dites que ce que je vis peut avoir quelque chose d'utile.

— Il y a une histoire, une métaphore, que vous allez peut-être trouver utile, dit Sa Sainteté. Un homme arrive chez lui et découvre qu'un énorme tas de fumier a été déversé dans sa cour. Il n'a commandé aucun fumier. Il n'en veut pas. Mais qu'il le veuille ou non, le fumier est maintenant là, et tout ce qu'il lui reste à faire est de décider comment en disposer. Il peut s'en mettre dans les poches et se promener aux alentours toute la journée en se plaignant à tout le monde de ce qui est arrivé. Mais s'il le fait, les gens commenceront à l'éviter après un certain temps. Il serait donc plus utile de l'épandre dans son jardin.

C'est le choix auquel nous faisons tous face lorsque nous sommes confrontés à un problème. Nous n'avions rien demandé. Nous n'en voulions pas. Mais la façon dont nous composons avec les difficultés est le plus important. Si nous sommes sages, les plus grands problèmes peuvent mener aux plus grandes illuminations.

Plus tard ce jour-là, j'étais à mon emplacement habituel dans le bureau des adjoints exécutifs quand je repensai à l'arrivée de Jack. Je m'étonnais encore de ce que son aura avait rempli la pièce à l'instant même où il était apparu sur le pas de la porte — et à quel point il avait paru bien différent quand il avait confié au dalaï-lama ses véritables sentiments. La différence entre les apparences et la réalité n'aurait pu être plus marquée. Ça m'a également donné à réfléchir au conseil de Sa Sainteté sur la façon de composer avec les problèmes de l'existence. On ne demande jamais à en recevoir, mais la façon dont nous composons avec les problèmes détermine notre bonheur ou notre souffrance à venir.

Vers la fin de l'après-midi, le chauffeur du dalaï-lama fit irruption dans le bureau. Plus d'une semaine s'était écoulée depuis sa dernière visite, alors il remarqua immédiatement le Lhassa apso couché en boule dans son panier.

— Qu'est-ce donc ? demanda-t-il à Chogyal qui rangeait avec empressement son bureau dans l'espoir de partir au plus tôt.

— Juste quelqu'un sur qui nous veillons en attendant de lui trouver une famille.

— Un autre réfugié tibétain ? ironisa le chauffeur en se penchant pour caresser l'animal.

— Si on veut, répondit Chogyal. Il appartenait aux voisins de mon cousin à Dharamsala. Ils ne l'ont eu que pendant quelques semaines, et mon cousin n'arrêtait pas d'entendre ses aboiements dans la cour. Puis, il y a environ une semaine, mon cousin a entendu le chien aboyer depuis l'intérieur de la maison en pleine nuit. Il s'y est rendu et a frappé à la porte. Personne n'a répondu, mais les jappements ont cessé. La nuit suivante, la même chose s'est produite. Mon cousin commençait à se poser des questions. Les voisins ne semblaient pas vraiment s'occuper du chien.

Le chauffeur secoua la tête.

— Deux jours plus tard, mon cousin a abordé le sujet avec un voisin qui vivait en face de chez lui. Il lui a indiqué que les propriétaires du chien avaient déménagé la fin de semaine précédente. Ils avaient vidé les lieux, verrouillé les portes, paqueté leurs affaires, et pris la fuite.

— En abandonnant le chiot ? demanda le chauffeur.

Chogyal hocha la tête.

— Il s'y est rendu immédiatement et a pénétré par effraction dans la maison. Il a trouvé Kyïe Kyïe qui gisait au bout d'une grosse chaîne dans la cuisine, tout juste en vie. Il faisait pitié à voir. Pas d'eau ni de nourriture. Mon cousin est immédiatement reparti avec le chien et lui a donné de l'eau, puis de la nourriture. Mais il ne pouvait pas le garder parce qu'il est célibataire et rarement à la maison. Ainsi, dit Chogyal en haussant les épaules, ayant nulle part où aller, il s'est donc tourné vers nous.

C'était la première fois que j'entendais l'histoire de Kyïe Kyïe, cher lecteur, et ce serait mentir que de dire qu'elle ne m'a pas émue. Je me suis rappelé à quel point j'avais été jalouse de Kyïe Kyïe les premiers temps, à quel point j'étais irritée de l'affection que Chogyal lui témoignait, sans parler de la nourriture qu'il lui donnait. Mais je me suis également souvenu de toute cette soumission qui caractérisait le chien, sans oublier ses poils en piteux état. Si j'avais connu toute l'histoire, j'aurais moi aussi éprouvé de la compassion pour lui.

— On dirait que vous avez ouvert un refuge pour animaux, fit remarquer le chauffeur. Comment Mousie-Toung a-t-elle accueilli le nouvel orphelin ?

Mes moustaches se tordirent d'irritation. Le chauffeur de Sa Sainteté m'avait toujours paru appartenir à la race des frustes. Pourquoi insistait-il aujourd'hui pour m'affubler de ce nom odieux ?

— Oh, je pense qu'elle attend de se faire un avis à son sujet.

Chogyal me jeta un coup d'œil pendant qu'il donnait son opinion, d'ordinaire plutôt généreuse.

— Se faire un avis ?

Se dirigeant vers le classeur, le chauffeur s'arrêta pour me câliner.

— Dans ce cas, il s'agit d'un chat très sage. La plupart d'entre nous ne nous fions qu'aux apparences.

— Et comme nous le savons tous, les apparences peuvent s'avérer très trompeuses, dit Chogyal en refermant son porte-documents.

Le lendemain matin, quand j'ai visité le bureau des adjoints et que j'ai vu Kyïe Kyïe dans son panier, au lieu de l'ignorer complètement, j'ai marché vers lui et je me suis hasardée à le renifler. Kyïe Kyïe m'a rendu la pareille, avant de pencher la tête et de jeter un long coup d'œil en ma direction. De ce moment d'échange entre nous a découlé un certain accord.

Mais je ne serais pas allée jusqu'à monter dans son panier et à le laisser lécher mon visage.

Je ne suis pas ce genre de chat. Et ce n'est pas ce genre de livre non plus. Mais j'avais en tout cas fini d'envier Kyïe Kyïe. Chogyal pourrait le promener, le nourrir et lui murmurer des mots doux tant qu'il le voulait, ça ne me ferait plus ni chaud ni froid. Je savais que derrière les apparences se trouvait une autre réalité. Je découvrais que même les premières impressions les plus frappantes peuvent masquer une vérité fort différente.

J'ai également découvert que je me sentais beaucoup plus heureuse lorsque je n'étais pas jalouse. L'envie et le ressentiment étaient des émotions prenantes qui avaient miné ma propre tranquillité d'esprit. Ne serait-ce que dans mon propre intérêt, il n'y avait que peu d'avantages à être absorbée par des sentiments malheureux et irrationnels.

Il n'a pas fallu six mois avant qu'une lettre arrive pour Sa Sainteté, rédigée sur le papier tout en relief du nouvel Institut pour le développement personnel. Après sa visite à Jokhang, Jack avait confié la gestion de sa société de développement personnel à un collègue et avait créé un institut associé faisant la promotion de l'alter-développement. L'idée était d'encourager un maximum de gens à donner de leur temps, de leur argent et de leurs aptitudes sociales à une bonne cause. Le premier réflexe de Jack avait été de faire la liste des bonnes causes auxquelles souscrire. Mais dans l'esprit de l'alter-développement, il avait plutôt décidé de laisser les gens choisir eux-mêmes les organismes qu'ils désiraient appuyer.

En quelques mois seulement, plus de 10 000 personnes avaient souscrit au mouvement, et plus de trois millions de dollars avaient été amassés au profit d'une multitude d'œuvres de charité à travers le monde. L'énorme vague d'appuis, disait Jack, était contagieuse, noble ; une véritable ode à la vie. Il ne s'était jamais senti plus heureux ou plus accompli qu'en ce moment.

Sa Sainteté envisagerait-elle alors de participer à la cérémonie d'inauguration de l'institut, plus tard cette année ? Accepterait-elle de présenter une conférence sur les réelles sources de bonheur ?

À mesure que Tenzin lisait la lettre à Chogyal, une émotion peu commune se faisait sentir dans sa voix.

— Bien que je travaille ici depuis plus de 20 ans, dit-il, ça m'étonne toujours autant. Quand les gens font du bien-être des *autres* une source de motivation, les résultats sont simplement…

— Incommensurables ? proposa Chogyal.

— Exactement.

CHAPITRE 5

Est-ce facile d'être la compagne anonyme d'une célébrité internationale ? Certains croient que les compagnons méconnus des personnalités célèbres doivent constamment se sentir négligés et sous-estimés, comme s'ils étaient des poules ternes vivant dans l'ombre de coqs glorieux. Quand le coq obtient toute l'attention grâce à son plumage brillant et ses magnifiques arpèges matinaux, ne pourrait-on pas comprendre que la poule puisse aspirer, elle aussi, à se retrouver parfois sous les feux de la rampe ?

Dans le cas de la poule qui nous préoccupe, la réponse est non.

Au sein du petit univers de Jokhang, je suis déjà bien connue, autant qu'il est possible de l'être. Au Café Franc, je suis vénérée tel un Rinpoché ! Quant au dalaï-lama, même s'il passe fréquemment à la télé, il doit aussi accepter d'être photographié et de tolérer des micros sous son nez matin, midi et soir. Il doit répondre aux questions incessantes des journalistes qui lui demandent d'expliquer les fondements du bouddhisme — un peu comme si on demandait constamment à un professeur de physique appliquée de nous réciter les tables de multiplication. Que le dalaï-lama parvienne à le faire de façon vraiment chaleureuse, et avec le sens de l'humour, en dit long non seulement sur ses qualités personnelles, mais sur la valeur des pratiques bouddhistes — notamment, la perfection de la patience !

La raison pour laquelle je suis si catégorique — si vous me pardonnez le jeu de mots — quant au fait de ne pas rechercher la célébrité, c'est que je me suis retrouvée à recevoir beaucoup trop d'attention médiatique. Je comprendrais que cela vous étonne. Car si c'était vrai, pourriez-vous dire, pourquoi n'êtes-vous jamais tombé sur le chat du dalaï-lama dans les pages du *Vanity Fair* ? Photographié, pourquoi pas, par le grand Patrick Demarchelier ? Ou encore en train de lisser ses moustaches et de replier ses longues pattes grises sous son poids, le tout avec une insouciance étudiée, pour le compte de *Hello!* — un magazine qu'il aurait invité dans son somptueux boudoir himalayen ? Il m'en coûte aujourd'hui d'admettre que l'attention que j'ai suscitée n'était pas de nature à intéresser les magazines en papier glacé. Photographiée ? Oui. Dans les pages pour célébrités ? Hélas, non.

Tout a commencé un matin, au printemps, alors que Sa Sainteté avait interrompu sa méditation une heure plus tôt qu'à l'habitude pour s'aventurer à l'extérieur. Les changements qu'elle apportait à sa routine n'étaient pas rares — il y avait souvent des voyages à faire ou des cérémonies à présider. Mais ce matin-là, bien que ses deux adjoints exécutifs étaient arrivés tôt au travail, il n'y avait aucun signe de son chauffeur. J'ai compris que le dalaï-lama ne pouvait pas aller bien loin. En entendant les chants qui s'élevaient de la cour, j'ai également compris qu'il n'assisterait pas aux rituels du matin au temple. Puisque le chef du protocole commençait à vérifier la sécurité, le stationnement et d'autres arrangements, il était évident que nous allions recevoir des visiteurs. Qui pouvaient-ils bien être ?

Des voitures commencèrent à arriver. En sortirent des journalistes et des équipes télé appartenant à une multitude de médias internationaux. Ils furent conduits le long d'un chemin qui menait de l'arrière du temple jusque dans un secteur boisé avoisinant. Vint ensuite la nouvelle selon laquelle la voiture transportant le visiteur de Sa Sainteté approchait. Sa Sainteté commença alors à descendre les escaliers, suivie de Tenzin et de Chogyal, ainsi que de Kyïe Kyïe au bout de sa laisse. Curieuse de voir ce qui se passait, je les suivis.

Pendant ma filature, je saisis au vol des extraits d'informations sur le visiteur : « Campagne de libération du Tibet » ; « Ordre de l'Empire britannique ». On parlait de sa philanthropie, de son mode de vie discret, ainsi que du fait qu'elle partageait son temps entre ses propriétés à Londres et en Écosse.

Au moment où le dalaï-lama apparut dehors, sa visiteuse arriva. Une dame élégante avec des cheveux blonds jusqu'aux épaules et des traits enjoués. Elle ne portait pas une tenue conservatrice ou formelle comme la plupart des visiteurs de Sa Sainteté, mais avait plutôt opté pour une veste d'extérieur cirée, un chino kaki et des bottes de randonnée marron.

Vous me connaissez maintenant assez bien, cher lecteur, pour savoir que je ne divulgue jamais l'identité des visiteurs de Sa Sainteté. Disons simplement qu'il s'agissait d'une actrice anglaise, absolument fabuleuse, qui a fait partie de nombreuses productions, tant sur scène qu'à la télévision, et qui s'est portée à la défense de plusieurs bonnes causes.

Après la poignée de main traditionnelle, le dalaï-lama et son invitée ont commencé à marcher en direction de la forêt. J'ai suivi leurs traces, tandis qu'à une courte distance derrière moi, le reste de l'entourage fermait la marche.

— Je vous suis profondément reconnaissante de donner votre appui à notre cause, dit l'actrice.

— La destruction des forêts est un sujet qui nous concerne tous, répondit le dalaï-lama. Je suis heureux de pouvoir vous aider.

La dame anglaise parla ensuite de l'importance des forêts en tant que « poumons verts » de la planète, d'organes essentiels afin de convertir le dioxyde de carbone en oxygène.

— Les forêts s'amenuisent chaque jour pour laisser la place aux plantations de maïs et d'huile de palme, fit-elle remarquer, ce qui mène à l'érosion des sols et à la pollution d'approvisionnements essentiels en eau potable, ainsi qu'à la disparition de la biodiversité. Beaucoup d'espèces, comme l'orang-outan, sont maintenant menacées parce qu'elles ont de moins en moins d'endroits où vivre.

La préservation des forêts n'est pas seulement une question d'argent, poursuivit-elle. On doit également faire de l'éducation et de la prise de conscience. Nous devons motiver autant de personnes que possible à agir ou, du moins, à soutenir l'idée du reboisement. Puisque vous êtes si célèbre et si largement respecté, votre appui nous aidera à faire entendre notre message aux quatre coins du monde.

Prenant sa main dans la sienne, Sa Sainteté déclara :

— Ensemble, nous pouvons combiner nos activités pour obtenir de meilleurs résultats. Vous avez fait preuve d'une si grande générosité en vous investissant corps et âme dans ce travail. Et votre appui à la campagne de libération du Tibet, et autres causes du genre, est véritablement exemplaire.

— Je sentais juste que c'était la bonne chose à faire, dit-elle en haussant modestement les épaules.

Nous marchions maintenant le long d'un sentier dans la forêt. Des deux côtés de nous, la terre était tapissée de primevère et de gui. Les grands buissons de rhododendron étaient en fleur, exhibant sans retenue des coloris de rose et de rouge.

— Si nous nous laissons aller nous aussi au consumérisme, nous risquons de détruire tout ça, dit l'actrice en faisant des gestes tout autour de nous.

— Vos motifs sont louables : donner sans rien attendre en retour, acquiesça Sa Sainteté.

— Oh, je ne m'en fais pas avec ça. Je m'estime chanceuse de pouvoir donner.

Le dalaï-lama eut un petit rire. Elle le regarda d'un air interrogateur :

— Ne pensez-vous pas?

— Très privilégiée, convint Sa Sainteté. Mais chanceuse ? Peut-être pas vraiment. Dans le bouddhisme, nous suivons le principe du karma, la loi dite de cause à effet. Il ne peut y avoir aucun effet, tel le succès, sans une cause préalable.

— J'ai travaillé sur ma carrière pendant plusieurs années, concéda-t-elle. J'ai traversé des moments parfois difficiles.

— Nous définirions ceci comme des « conditions » de travail ardues, indiqua le dalaï-lama, mais non comme des causes. Les conditions sont bien sûr nécessaires pour que le karma germe, tout comme un arbre a besoin de terre, d'humidité et de chaleur pour croître. Mais sans une cause karmique, sans cette graine initiale, peu importe à quel point les conditions sont favorables, il ne peut y avoir aucun effet.

L'actrice écoutait les mots du dalaï-lama attentivement. La conversation avait pris un tournant inattendu, comme elle le fait si souvent quand Sa Sainteté sent que quelqu'un profiterait d'une révélation particulière.

— Si le travail acharné n'est qu'une condition, alors quelle est la cause karmique du succès ? demanda-t-elle.

— La générosité, répondit Sa Sainteté en la regardant avec bienveillance. Le succès dont vous jouissez actuellement résulte de votre générosité passée. Et la générosité que vous pratiquez en ce moment signifie que vous obtiendrez encore plus de succès à l'avenir.

Nous marchions le long du sentier depuis quelques minutes — plus loin que je n'avais jamais osé m'aventurer — quand nous sommes arrivés à un endroit où la forêt s'arrêtait subitement pour laisser place à un paysage lunaire caractérisé par des pierres lisses et une terre sablonneuse, ainsi que quelques tronçons d'arbres morts depuis bien longtemps, vestiges d'une végétation autrefois luxuriante.

Sa Sainteté et l'actrice se sont alors arrêtées un instant. Plusieurs trous avaient été creusés en vue d'une cérémonie de plantation d'arbres. Les jeunes pins avaient été placés près des trous, de pair avec quelques brouettes de terre. Des journalistes s'étaient rassemblés avec empressement, et les caméras étaient posées sur les deux célébrités, alors qu'elles quittaient la forêt pour rejoindre la terre laissée à l'abandon.

Pendant que les caméras tournaient et que les représentants des médias fermaient la marche derrière nous, j'ai soudain senti le besoin de répondre à l'appel de la nature. Étant un chat plutôt capricieux quand vient le temps pour ce genre de chose, j'ai décidé de rechercher un endroit qui offrait à la fois intimité et terre meuble. Une grande bannière qui affichait le logo de l'ONG de l'actrice avait été déroulée à l'endroit où des images seraient plus tard prises. Un endroit qui semblait fournir le cadrage parfait.

Ni vue ni connue, je me suis cachée derrière la bannière. Dans la quiétude des lieux, j'ai découvert des rangées de jeunes sapins, semblables à ceux qui s'apprêtaient à être plantés en grande pompe. Derrière eux s'élevait ce dont peut rêver chaque chat : un large amas de terre riche et glaiseuse destinée au rempotage.

À la seule vue du monticule, je suis entrée en action et j'ai trotté vers le sommet avec une allégresse des plus coquettes. La terre s'est dispersée de part et d'autre tandis que je me dirigeais vers la crête, ravie de ma découverte. Une fois arrivée au sommet du monticule, j'ai reniflé la terre, à la recherche de l'endroit qui m'offrirait le plus de confort.

Tout était calme et tranquille sous la voûte sylvestre quand je me suis assise en position de méditation. L'air du petit matin, vif et gorgé d'effluves de pin, était animé par le chœur mélodieux des oiseaux de l'aube. Au loin, je pouvais entendre une voix — l'actrice ? — procéder à une annonce, suivie d'une salve d'applaudissements.

Et c'est là que ça s'est produit. La bannière, et toute mon intimité, se sont soudainement envolées. Un moment de drame préconçu pour révéler l'ampleur du projet de reboisement se concentrait désormais sur ma propre personne.

Cependant ne vous y méprenez pas. Nous, les chats, nous ne sommes pas prudes. Mais nous n'aimons pas nous exhiber non plus, notamment devant les médias du monde entier.

Or, pendant un instant, nous ne pouvions entendre que le bruit des caméras qui tournaient, ainsi que les flashs des appareils-photo. Puis des rires qui fusaient de partout. Sa Sainteté a été la première à pouffer de rire. Puis l'actrice a dit quelque chose au sujet du sol qui était maintenant bien fertilisé.

Mon seul souci a été de partir aussi vite que possible. Je suis descendue du monticule encore plus prestement que j'y étais montée, puis j'ai disparu à travers la broussaille. Sans m'arrêter, je me suis précipitée vers le temple, puis vers la cour, et j'ai regagné le confort de la maison.

J'avais découvert une façon d'accéder aux appartements du dalaï-lama sans avoir à attendre que quelqu'un m'ouvre la porte. En passant par la buanderie du rez-de-chaussée, j'arrivais à bondir sur une étagère, puis à marcher sur le rebord d'une fenêtre de la salle à manger. Là, épuisée par les efforts de la matinée, je me suis couchée en boule dans un grand fauteuil et je me suis endormie.

J'ai été réveillée par un délicieux arôme de bifteck grillé, préparé comme seule une personne savait le faire. Ce n'est que lorsque j'ai relevé la tête que je me suis rendu compte que la salle à manger était maintenant occupée. Le dalaï-lama avait repris ses occupations, mais il avait laissé l'actrice et plusieurs membres de l'organisation de reboisement aux bons soins de Tenzin et de Lobsang, le traducteur, qui était lui-même accompagné de son adjoint. Ils étaient maintenant assis autour d'un copieux déjeuner à base d'œufs et de bifteck, tandis que Mme Trinci s'activait autour d'eux pour leur offrir des portions supplémentaires de champignons frits, de rondelles d'oignon et de pain doré. M'ayant vue remuer, elle est bientôt réapparue avec un petit plat de porcelaine blanc sur lequel elle avait soigneusement arrangé plusieurs petites bouchées de bifteck. Elle l'a déposé sur le plancher à côté de moi.

Pendant que nous attaquions tous notre déjeuner avec enthousiasme, la conversation à la table passa de la cérémonie de plantation d'arbres à la campagne de reboisement, puis à l'agenda très chargé de l'actrice d'ici la fin de l'année. Il y eut un moment de silence, après quoi l'actrice déclara :

— J'ai eu une conversation des plus intéressantes avec Sa Sainteté ce matin. Le karma, ce n'est pas un sujet dont nous parlons beaucoup en Occident.

Tenzin suivait l'actrice depuis l'époque même où il étudiait à Oxford, et il était tout simplement ravi d'avoir l'occasion de lui parler.

— Oui, cela m'a toujours semblé un peu étrange. La loi de cause à effet est la base même de la technologie occidentale. Rien n'existe qui n'ait de cause, tout est fonction d'autre chose. Mais dès qu'on s'aventure au-delà du domaine matériel immédiat, les Occidentaux tendent à évoquer la chance, le destin ou l'intervention divine.

Le groupe digérait en silence ce qui s'était dit.

— Je suppose, continua Tenzin, que la difficulté vient du fait que le karma n'est pas à première vue évident. Cela peut prendre un certain temps avant que les causes ne fassent sentir leurs effets. Pour cette raison, il peut sembler n'y avoir aucun rapport entre la cause et l'effet.

— Oui, admit l'actrice. Sa Sainteté a mentionné que toute richesse ou tout succès dont nous jouissons à l'heure actuelle résulte de la générosité dont nous avons fait preuve par le passé, et non pas d'un travail acharné, d'une prise de risques ou d'occasions qui sont en fait des *conditions* plutôt que des causes.

— Tout à fait, convint à son tour Tenzin. Pour que le karma mûrisse, vous avez besoin des deux; des causes *et* des conditions.

— C'est un secret pour personne ici, poursuivit l'actrice en faisant un geste vers ses militants, qu'une chose très curieuse s'est produite l'année même où j'ai fait don d'une importante somme à la campagne de reboisement.

On échangea des sourires complices autour de la table.

— J'ai donné en mai. Sept mois plus tard, en décembre, je recevais exactement le même montant sous forme d'un dividende que je n'avais jamais prévu. Beaucoup de personnes m'ont alors dit que c'était le karma.

Tout le monde rit à la table.

Puis l'actrice se tourna vers Tenzin :

— Serait-ce une bonne interprétation des choses ?

— Je peux comprendre pourquoi des gens pourraient penser ça, répondit-il. Mais il est important de ne pas interpréter trop littéralement. Ce n'est pas parce que vous donnez quelque chose à quelqu'un un jour que vous créez la cause qui vous permettra de recevoir exactement la même chose un autre jour. Le karma ne se présente pas tant comme un registre de crédits et de débits que comme une énergie, une charge qui croît au fil du temps. C'est pourquoi même les petits gestes de générosité, surtout s'ils participent de la meilleure intention, peuvent un jour devenir la cause d'une richesse beaucoup plus grande.

L'actrice et ses collègues l'écoutaient religieusement.

— Là où cela devient intéressant, poursuivit Tenzin, c'est qu'en donnant, nous créons non seulement les causes pour obtenir de la richesse plus tard, mais nous créons aussi les conditions qui permettent la maturation d'un karma de prospérité que nous pourrions déjà posséder. Le travail acharné et les bonnes relations d'affaires sont des conditions à la prospérité, et il en est de même pour la générosité.

— Il y a une logique à ce que vous dites, commenta l'actrice. Et il est intéressant de noter que Jésus lui-même a dit : « On récolte ce que l'on sème ».

— La notion de karma était largement acceptée aux premiers jours du christianisme, convint Tenzin. Non seulement des symboles importants ont été importés d'Orient, comme le poisson et le halo, dit-il en faisant un geste vers le mur où se trouvait un portrait de Bouddha couronné d'un halo azuré, mais il semble que les enseignements centraux relatifs à l'amour du prochain, à la compassion universelle et à d'autres du genre puissent également avoir emprunté la route de la soie, il y a 2000 ans.

La concentration se lisait clairement sur le visage des visiteurs.

— Une chose que je ne comprends pas à propos du karma, avoua l'actrice, c'est comment tout ça se met en place. S'il n'y a aucun Dieu pour punir ou récompenser, et aucun ordinateur cosmique pour conserver les données quelque part, où tout cela se joue-t-il ?

— Cette question est au cœur du problème, répondit Tenzin. Tout se joue dans le continuum de notre esprit. Notre expérience de la réalité est beaucoup plus subjective que nous le constatons d'ordinaire. Nous ne sommes pas que les récepteurs passifs des événements qui nous entourent. À tout moment, nous projetons activement notre version personnelle de la réalité autour de nous. Deux personnes assujetties aux mêmes circonstances auront des expériences très différentes de ce qui s'est produit. C'est parce qu'elles ont un karma différent.

— La loi de cause à effet, continua Tenzin, stipule que, étape par étape, nous pouvons créer les causes qui nous permettront d'expérimenter la réalité de manière à ce qu'il en résulte plus de satisfaction et d'abondance, et d'éviter ainsi les causes du malheur et du manque de ressources. Le Bouddha lui-même a très bien résumé la chose quand il a dit : « La pensée se manifeste sous forme d'un mot ; le mot se manifeste sous forme d'une action ; l'action se développe sous forme d'une habitude ; et l'habitude se cristallise en un trait de caractère. Alors observez la pensée et ses conséquences avec soin, et laissez-la jaillir d'un amour rempli de sollicitude envers tous les êtres… Tout comme l'ombre suit le corps, tout comme nous pensons, nous devenons. »

Un peu plus tard, l'actrice et son groupe se sont levés de table, remerciant Tenzin et les autres pour leur aide. Ils enfilaient leurs vestes et leurs écharpes quand l'actrice a regardé en direction du fauteuil sur lequel j'étais assise, les pattes minutieusement repliées sous mon corps.

— Ciel ! Est-ce le chat... vous savez... de ce matin ?

Tenzin m'a jeté un coup d'œil avec la même impassibilité dont il avait fait preuve l'après-midi où il m'avait trouvée assise sur le coussin en forme de lotus au Café Franc.

— Il m'apparaît semblable, concéda-t-il.

— Je n'ai jamais vu notre lionne des neiges s'aventurer aussi loin, dit Lobsang.

— Les Himalayens sont très populaires par ici, ajouta l'assistant de Lobsang.

— Eh bien, c'était certainement une performance inattendue, fit l'actrice, secouant la tête avec un sourire amusé.

Tard cet après-midi-là, Tenzin faisait la synthèse des événements de la journée pendant que lui et le dalaï-lama dégustaient leur thé vert, accompagné pour l'occasion d'un léger biscotti cuit au four par la très généreuse Mme Trinci. Après avoir discuté de la plupart des activités du jour, Sa Sainteté a abordé la cérémonie de plantation d'arbres.

— Comment s'est déroulé le déjeuner ? J'espère que les visiteurs étaient heureux des résultats.

— Tout s'est très bien passé, Votre Sainteté. Et notre invitée m'a téléphoné il y a quelques instants pour me dire à quel point elle est enthousiaste en ce qui concerne nos efforts de sensibilisation.

— Il y avait beaucoup de représentants des médias ce matin, fit observer le dalaï-lama. Je n'avais jamais autant vu de caméras de télé à Jokhang !

— L'événement a été bien couvert par les médias, reprit Tenzin. Mais le vrai catalyseur est un clip mis sur YouTube et qui s'est propagé de façon virale. Apparemment, il compte déjà plus de dix millions de visiteurs.

— Pour une cérémonie de plantation d'arbres ? demanda Sa Sainteté en levant les sourcils.

— Ça commence avec la cérémonie, mais la vraie star de la vidéo, dit Tenzin en se tournant vers moi, c'est notre petite Rinpoché.

Le dalaï-lama éclata de rire. Puis, faisant un effort pour se contenir, il dit :

— Peut-être que nous ne devrions pas rire. Je me demande qui était le plus surpris : notre Rinpoché ou les journalistes ?

Puis se dirigeant vers moi, il me prit dans ses bras et me caressa lentement.

— Ce matin, quand nous nous sommes réveillés, aucun de nous n'aurait deviné que tu étais sur le point de devenir — comment dit-on ? — une star internationale. Mais en une seule matinée, tu as davantage sensibilisé les gens au problème de la déforestation que d'autres le feront dans toute une vie.

J'ai commencé à ronronner.

— Quel karma fascinant.

CHAPITRE 6

Des boules de poils. Peu de choses peuvent être plus désagréables que celles-là, n'en convenez-vous pas, cher lecteur ?

Allons, allons ! Nul besoin de jouer l'innocent avec moi ! Juste parce que vous êtes humain ne signifie pas que vous êtes immunisé contre le narcissisme. N'est-il pas vrai que de temps en temps vous éprouvez un souci excessif quant à la façon dont vous vous présentez aux autres ? Que vous êtes obsédé par vos vêtement, vos chaussures, vos parures et votre hygiène, lesquels ont bien plus à voir avec l'image que souhaitez projeter qu'avec de simples considérations pratiques ?

Lorsque vous parlez de vous-même, cette remarque subtile au sujet du vêtement griffé que vous venez d'acheter, de l'attention romantique que vous suscitez ou de l'extraordinaire pose de yoga que vous maîtrisez, toutes ces remarques ne visent-elles pas également à créer une impression particulière autour de vous-même ?

Et qui, dites-moi, occupe la majorité de vos pensées du moment où vous vous réveillez jusqu'à l'heure du coucher? Qui, exactement, est la plus grande source d'anxiété et de stress? Pouvez-vous penser à un certain individu — peut-être pas très loin de l'espace que vous occupez présentement — qui, à un moment donné, est devenu si prisonnier d'une spirale descendante de narcissisme qu'en dépit de tout son lèchement frénétique, de son grattage et de son toilettage, en dépit de tous ses efforts pour se sentir mieux, n'a réussi qu'à ingérer une quantité astronomique de détritus égocentriques qu'il en est devenu malade — peut-être même au sens littéral?

Si à la lecture de ces quelques paragraphes une boule se forme dans votre gorge, alors vous comprendrez très certainement la vexation qui a trait aux boules de poils. Sinon, vous êtes clairement un être plus équilibré que la plupart des gens, et dans ce cas, je m'excuse d'avoir mis en doute votre caractère. Par ailleurs, vous n'aurez probablement pas besoin de lire ce chapitre non plus, alors je vous suggérerais même de passer au suivant.

Ayant été arrachée à ma mère et à ma famille à un âge précoce, certains aspects du comportement félin m'échappent complètement. C'est pourquoi ma première expérience avec les boules de poils a été aussi inattendue que désagréable. Un des inconvénients à être un beau et somptueux chat, du genre qui honore de temps en temps les boîtes de pralines belges les plus dispendieuses, est que le toilettage peut devenir une activité compulsive. Il est trop facile de se laisser prendre dans un cycle de lèchement et de lissage sans mesurer toute la portée des conséquences.

Le matin que j'ai passé sur le classeur, vigoureusement engagée dans cette seule activité, Tenzin a jeté un coup d'œil en ma direction à plusieurs reprises, et Chogyal est même venu jusqu'à moi pour essayer de me changer les idées — sans grand succès. Le chatouillement initialement ressenti s'était fait de plus en plus intense et il était devenu à ce point envahissant que je n'arrêtais plus de me lécher !

Puis j'ai eu une sorte de révélation. Soudainement, j'ai su qu'il me fallait descendre au niveau du plancher. Traversant le bureau et passant à côté du panier de Kyïe Kyïe, je venais tout juste d'accéder au couloir quand j'ai senti mon estomac se retourner. C'était comme si tout mon intérieur voulait sortir de mon corps. Je me suis étendue de tout mon long sur le tapis, mon corps entier secoué par des spasmes respiratoires. Le rythme des convulsions s'est accru rapidement jusqu'à ce que… tout compte fait, mieux vaut que je vous épargne les détails !

Chogyal s'est penché pour prendre le journal qui traînait à ses pieds. Il a utilisé la section consacrée à la mode féminine pour nettoyer le tapis sur lequel je venais de rejeter des quantités considérables de ma propre fourrure. J'ai alors fui à la cuisine pour boire un bon coup et nettoyer mon tube digestif. Et quand je suis retournée au bureau des adjoints, il n'y avait plus aucun signe de l'horreur qui m'était arrivée dans le sanctuaire du corridor.

J'ai repris ma place sur le classeur, puis je suis tombée dans un profond sommeil. Il n'y a rien comme un bon et long sommeil pour faire en sorte que le désagrément devienne de l'histoire ancienne.

Sauf qu'à cette occasion, j'ai été réveillée par un parfum aussi puissant que déroutant. N'était-ce pas là le parfum inimitable Kouros qui précède habituellement Franc de quelques mètres ? Je n'étais pourtant pas au Café Franc… Quelques instants plus tard, j'obtenais la confirmation de la présence de Franc, grâce à ses intonations uniques, typiques de San Francisco.

Ni Chogyal ni Tenzin n'étaient au bureau, mais là, dans le cadre de porte, se trouvait la silhouette de Marcel, ses oreilles rondes de bouledogue bien en vue. Quelques instants plus tard, Chogyal est arrivé avec une laisse. Tirant Kyïe Kyïe de son sommeil, il a attaché la laisse à son collier pour l'amener où Marcel se tenait lui-même au bout de sa corde, remuant la queue dans une frénésie d'anticipation.

Franc et Chogyal parlaient dans le couloir, tandis que les deux chiens commençaient à se renifler mutuellement le postérieur. Complètement absorbé par ce qui se passait, Franc ne m'a pas remarquée sur ma plate-forme d'observation, alors que je suivais la trame des événements. Bien que l'arrivée inattendue de Tenzin au Café Franc m'ait décontenancée quelques semaines plus tôt, à mesure que les événements se déroulaient, tout commençait à prendre son sens.

Franc avait sorti ses bonnes manières. Revêtu d'une veste foncée et de chaussures polies, il avait soigné son apparence comme s'il recevait le plus important des VIP dans son établissement. Chogyal, de son côté, affichait sa simplicité habituelle tandis qu'il racontait l'histoire de Kyïe Kyïe.

Les deux hommes sont ensuite sortis pour aller promener les chiens dans la cour. Me déplaçant vers une autre fenêtre pour ne rien perdre du spectacle, j'ai continué à observer leurs déplacements. Maintenant libérés de leur laisse, Marcel et Kyïe Kyïe se poursuivaient, jouant et se bousculant à qui mieux mieux. Tout semblait indiquer que les deux chiens pouvaient bel et bien devenir amis.

De retour dans la pièce, Chogyal et Franc ont commencé à échanger sur la diète et les habitudes de sommeil de Kyïe Kyïe. J'ai ensuite entendu Chogyal demander à Franc :

— Nous tous, y compris Sa Sainteté, serions très reconnaissants si vous pouviez considérer…

— Nul besoin de considérer quoi que ce soit, assura Franc. Les deux chiens vont s'entendre à merveille. C'est un honneur que vous ayez pensé à moi.

Chogyal regarda Kyïe Kyïe avec un sourire.

— Il n'a été ici que très peu de temps, mais il va nous manquer.

— Nous pourrons venir vous rendre visite de temps en temps, répondit Franc.

C'est à ce moment que la porte du bureau du dalaï-lama s'ouvrit et qu'il en sortit.

Franc se prosterna avec une formalité élaborée. Sa Sainteté riant tout bas, apposa ses mains sur son front.

— C'est Franc, Votre Sainteté. Il a gentiment accepté de s'occuper de Kyïe Kyïe.

— Très bien, dit le dalaï-lama en prenant la main de Franc dans la sienne. Magnifique compassion.

Puis, apercevant toutes les ficelles de bénédiction autour du poignet de Franc :

— Vous avez reçu beaucoup de bénédictions ?

Comme d'habitude, Franc énuméra la liste des initiations qu'il avait reçues de différents lamas au cours de la dernière décennie. Sa Sainteté écouta patiemment, avant de demander :

— Qui est votre professeur ?

— Tous les lamas qui m'ont fait passer des initiations, répondit Franc, comme s'il répétait un article de foi.

— Il est avantageux, dit Sa Sainteté, d'avoir un professeur régulier et de suivre des cours. Les initiations et les manuels sont utiles. Mais ce qui est encore plus utile, c'est d'étudier sous la direction d'un professeur qualifié. Si votre objectif était d'apprendre le piano, ne voudriez-vous pas le meilleur professeur de piano disponible, pour ensuite vous en tenir à ses enseignements ? C'est la même chose avec le Dharma. Aussi simple que cela.

Le conseil semblait tenir de la révélation pour Franc, qui a dû y mettre quelques instants avant de comprendre. Après un moment, il demanda :

— Me recommanderiez-vous un professeur en particulier ?

— Un professeur pour vous ?

Le dalaï-lama semblait captivé par l'Om en or qui pendait à l'oreille de son interlocuteur. Il réfléchit longuement, puis répondit :

— Vous pouvez demander à Geshe Wangpo, ici au monastère de Namgyal. Je pense qu'il serait un bon guide pour vous.

Peu après, Franc quittait Jokhang en compagnie de Kyïe Kyïe. J'étais curieuse de voir comment les événements du jour seraient racontés sous les parasols du Café Franc. Et je ne pouvais m'empêcher de me demander si j'allais y conserver ma position de choix entre les dernières éditions du *Vogue* et de *Vanity Fair*. Maintenant que Franc avait accepté la garde d'un animal reconnu comme le chien de Sa Sainteté, continuerais-je d'être l'objet principal d'une telle vénération ?

Je me suis également demandé, au cours des jours qui ont suivi, pourquoi Chogyal et Tenzin pouffaient de rire en se regardant l'un et l'autre et en murmurant le nom de Geshe Wangpo.

Les réponses à toutes ces questions ont tôt fait de devenir évidentes. Commençons par Geshe Wangpo. Alors que je me reposais sur le rebord de ma fenêtre préférée, environ une semaine plus tard, j'ai été réveillée par l'odeur familière de Franc. Malgré la distance, son odeur s'est présentée à moi comme un long ruban flottant dans l'éther, lequel se déroulait jusqu'à mon nez depuis cette cour que je surplombais étendue à la manière d'un lézard, couchée sur le dos devant ma fenêtre de prédilection. En ouvrant les yeux, j'ai repéré Franc qui marchait vers le temple depuis les portes de Jokhang.

Ma curiosité prenant le dessus, je me suis bientôt retrouvée en chemin vers les escaliers, manifestant ma présence sur les marches du temple alors que Franc approchait. Je procédais à une profonde et somptueuse salutation au soleil, comme si j'avais passé la matinée à flâner à cet endroit. Dans le cadre de ce qui s'annonçait être une visite importante, Franc semblait rassuré par ma présence familière, et il s'est penché pour me caresser.

Ce n'est qu'un peu plus tard que Geshe Wangpo émergeait du temple. Âgé d'environ 50 ans, trapu et le visage rond, il émanait de lui une autorité qui allait bien au-delà de sa stature, comme si de son apparence physique se dégageait une force extraordinaire, pour ne pas dire légèrement courroucée. Au moment où il est apparu, j'ai compris pourquoi Chogyal et Tenzin étaient si amusés que le dalaï-lama l'ait recommandé à Franc; il était difficile d'imaginer un lama plus costaud que celui-là.

Toujours est-il qu'il a souri quand Franc s'est présenté à lui.

— Je me demandais si vous accepteriez de m'avoir pour étudiant? demanda Franc dont l'exhalaison de Kouros, l'Om en or et l'habillement noir ajusté semblaient encore plus déplacés en ce moment fatidique.

— Vous pouvez suivre mes cours les mardis soirs, répondit Geshe Wangpo. Il est important d'avoir une bonne appréciation de quelqu'un avant de le prendre pour professeur.

— Le dalaï-lama lui-même m'a recommandé vos enseignements, répliqua Franc.

— Qu'à cela ne tienne, il se pourrait que mon approche vous déplaise. Nous avons tous des styles et des tempéraments différents.

Geshe Wangpo semblait presque l'en dissuader :

— Peut-être serait-il sage de prendre votre temps avant d'arrêter votre choix. Une fois que vous acceptez quelqu'un comme guide, lui dit-il en le mettant en garde du doigt, vous devez être disposé à suivre ses conseils.

Mais Franc n'allait pas se décourager aussi facilement.

— Si Sa Sainteté m'a recommandé d'étudier avec vous, fit-il d'un ton révérencieux, c'est suffisant pour moi.

— D'accord, d'accord, convint le lama.

Puis, regardant le poignet de son nouvel étudiant, il ajouta :

— Vous avez déjà reçu beaucoup d'initiations. Vos engagements doivent vous tenir bien occupé.

— Mes engagements ?

— Ceux que vous avez pris quand vous avez reçu vos initiations.

— Je me suis engagé ?

Geshe Wangpo plissa le front.

— Pourquoi vous initier à une pratique si vous ne la suivez pas par la suite ?

— Je n'avais pas saisi…

Pour la première fois depuis que je le connaissais, Franc semblait vraiment penaud.

— Quelles accréditations avez-vous obtenues ?

Franc commença son habituelle énumération de dates, de lamas et d'initiations ésotériques, sauf que cette fois, il la répéta sur un ton peu familier. C'était comme si le récit de chaque initiation, plutôt que de tenir de la fanfaronnade, devenait un aveu d'ignorance et de négligence.

Quand il eut finalement terminé, Geshe Wangpo le considéra sévèrement avant d'éclater de rire.

— Quoi ? demanda Franc, trop conscient d'être l'objet d'amusement du lama.

— Vous, les Occidentaux ! laissa tomber Geshe Wangpo après un certain temps. Trop drôles !

— Je ne comprends pas, dit Franc les épaules maintenant voûtées.

— Le Dharma est un voyage intérieur, dit Geshe Wangpo en touchant son cœur. Ce n'est pas en se disant bouddhiste, en portant les bons vêtements ou même en y croyant que l'on devient bouddhiste. Que veut dire « bouddhiste » au juste ?

Il gesticula, ouvrant les mains.

— Juste un mot. Une étiquette. Quelle est la valeur d'une étiquette si le produit n'est pas authentique ? C'est comme d'avoir une fausse Rolex, fit-il en lui lançant un regard sévère.

Franc recula maladroitement.

— Nous ne voulons pas de fausses Rolex au monastère de Namgyal, dit-il en balançant son doigt de gauche à droite, que de l'authenticité.

— Que devrais-je faire de mes ficelles de bénédiction ? demanda Franc, malheureux.

— C'est votre choix, lui répondit Geshe Wangpo. Il n'y a que vous pour savoir ces choses-là. Nul autre ne peut décider pour vous.

Puis, examinant les traits songeurs de son nouvel étudiant, il tira Franc par le bras.

— Venez. Allons marcher autour du temple. J'ai besoin de me dégourdir les jambes.

Les deux hommes partirent et procédèrent à des circumambulations autour du temple, le tout dans le sens des aiguilles d'une montre. Je suivais pour ma part non loin derrière. Geshe Wangpo demanda à Franc d'où il venait, et Franc commença à lui parler de son enfance en Californie, de sa passion pour les voyages, du périple qui l'avait conduit à Dharamsala et de sa décision, entièrement inattendue, d'ouvrir le Café Franc.

— J'ai toujours ressenti cette attirance pour le bouddhisme, confia Franc au lama. Je pensais que d'entreprendre des initiations et recevoir des accréditations de lamas réputés était la chose à faire. Je savais aussi que je devais méditer, mais j'ai une vie bien remplie. Je n'avais jamais pensé que j'avais besoin d'un professeur ou de suivre des cours sur une base régulière.

Geshe Wangpo étendit le bras et serra brièvement la main de Franc après sa confession.

— Faisons de ceci votre nouveau départ, proposa-t-il. Connaissez-vous les quatre nobles vérités ?

— J'en ai déjà entendu parler, répondit Franc hésitant.

— Les premiers enseignements prodigués par Bouddha après son illumination ont été les quatre nobles vérités. Elles constituent un très bon point de départ pour acquérir un discernement. Voyez-vous, Bouddha est comme un médecin que vous allez voir quand vous êtes souffrant. Le médecin vérifie d'abord les symptômes, pose son diagnostic, puis se prononce quant aux possibilités de traiter la maladie : il fait un pronostic. À la fin, il prescrit un traitement. Bouddha a pris les mêmes quatre mesures lorsqu'il s'est penché sur l'expérience de vivre.

— Quels symptômes a-t-il trouvés? demanda Franc, captivé.

— En général, répondit Geshe Wangpo, un haut niveau de mécontentement, ou *dukkha* en sanskrit. Le dukkha englobe tout, du malaise insignifiant à la douleur physique et émotive la plus profonde. Bouddha a compris que la majeure partie de notre expérience de vie ordinaire est difficile. Stressante. Qu'il était difficile d'être qui nous sommes.

Franc opina du chef.

— Les causes de ce mécontentement sont multiples. Le seul fait d'être nés signifie que nous devons faire face à la mort et, très probablement, aux difficultés que posent la maladie et la vieillesse. L'éphémère peut être une autre source de tristesse. Nous pouvons obtenir exactement ce que nous voulons, puis, fit-il en claquant des doigts : changement!

Geshe Wangpo poursuivit :

— Mais la raison fondamentale de notre mécontentement, la cause première, c'est que nous nous méprenons sur la façon dont les choses existent. Nous voyons les objets et les personnes comme des choses distinctes et indépendantes de nous. Nous leur attribuons des qualités et des caractéristiques, lesquelles font que ces choses nous attirent ou qu'elles nous repoussent. Nous pensons que tout se produit à l'extérieur de nous, et nous ne faisons qu'y réagir, comme si tout venait de l'extérieur.

Ils firent plusieurs pas en silence avant que Franc ne demande :

— Pourquoi est-ce une erreur de voir les choses de cette façon ?

— Parce qu'en y regardant de très près, nous ne pouvons trouver d'essence ni à personne ni à quelque objet que ce soit, y compris moi. Nous ne pouvons trouver aucune propriété qui existe séparément de notre esprit.

— Vous dites, demanda Franc précipitamment, qu'il n'y a rien autour de nous et que nous inventons tout ça ?

— Non. Mais c'est le malentendu le plus commun. Cette vérité subtile est appelée « coproduction conditionnée[4] » et elle peut nécessiter beaucoup d'étude et de méditation pour la comprendre. Mais elle demeure le concept le plus étonnant et le plus puissant qui existe : littéralement propre à changer une vie quand nous commençons à l'appréhender. Tout comme les scientifiques quantiques l'ont démontré, ce que Bouddha a enseigné, c'est que la *façon* dont les choses existent, *comment* elles existent, cela dépend en partie de notre propre esprit. Ceci signifie que la troisième noble vérité, le pronostic, est positive.

— Parce que nous pouvons travailler sur notre esprit ? risqua Franc.

— Oui, oui ! répondit Geshe Wangpo en hochant vivement la tête. Si tout ce mécontentement, ce dukkha, venait du dehors, il ne serait pas possible de changer grand-chose à son sujet. Mais parce qu'il

4. N.d.T. : Concept bouddhique de conditionnalité, de dépendance et de réciprocité.

provient de l'esprit lui-même, alors nous avons un certain espoir. Ainsi, la quatrième noble vérité est le traitement : ce que nous pouvons faire au sujet de nos problèmes mentaux.

Encore une fois, il regarda Franc avec un sourire moqueur. Mais Franc était trop absorbé par ce que disait le lama pour s'en offusquer.

— Quel est donc ce traitement ? voulut-il savoir.

— Tous les enseignements du Bouddha, répondit Geshe Wangpo. On dit qu'il y en aurait en tout 84 000.

— Le Dharma ?

— Oui. Savez-vous ce que Dharma veut dire ?

— La philosophie de Bouddha ? suggéra Franc en haussant les épaules.

— Généralement, on pourrait dire ça, répondit Geshe Wangpo en acquiesçant. Dans le bouddhisme, nous interprétons également le Dharma comme étant une « cessation », la fin du mécontentement, la fin du dukkha. C'est le but des enseignements de Bouddha.

Le lama fit une pause à cet endroit, derrière le temple, où un grand arbre formait un dôme au-dessus du sentier. Autour d'eux, la terre était recouverte de feuilles éparses.

— Vous savez, on a un jour posé à Bouddha une mystérieuse question sur l'univers. Sa réponse a été des plus intéressantes, poursuivit Geshe Wangpo en se penchant pour saisir une poignée de feuilles. Il a demandé à ses étudiants : « Y a-t-il plus de feuilles dans ma main ou sur le sol de la forêt autour de nous ? » Les étudiants ont répondu : « Sur le sol de la forêt. » Ce à quoi Bouddha a répliqué : « Les feuilles que je tiens dans ma main représentent la connaissance qui mène à la fin de nos souffrances. » En ce sens — Geshe Wangpo ouvrit la main, laissant les feuilles retomber librement sur le sol — Bouddha était très clair quant à la finalité de ses enseignements.

— Mais s'il y en a 84 000, par où doit-on commencer ? demanda Franc tandis qu'ils continuaient leur circumambulation.

— Le Lam Rim, ou voie graduée vers l'éveil, est un bon point de départ, lui répondit le lama. C'est un texte qui nous fait prendre conscience de notre propre comportement mental, afin de remplacer nos schémas de pensée négatifs par des schémas plus positifs.

— On dirait de la psychothérapie.

— Absolument ! Lama Yeshe, un des premiers lamas à avoir importé le bouddhisme tibétain en Occident, disait exactement ça : « devenir son propre thérapeute ». C'est même le titre d'un de ses livres.

Ils marchèrent en silence pendant un moment avant que Franc ne demande :

— Est-il vrai que certains lamas sont clairvoyants ?

— Pourquoi demandez-vous ça ? fit Geshe Wangpo en le toisant.

— Je me demandais juste… sur quels schémas de pensée négatifs je pourrais avoir à travailler.

— Vous n'avez pas besoin d'être clairvoyant pour ça, répondit le lama d'un ton ferme.

— Non ?

— À la base, chacun est aux prises avec le même problème, exprimé en des termes différents. Notre principal problème est que nous sommes tous des spécialistes du « Je ».

L'incompréhension se lisait sur le visage de Franc.

— Mais moi, je ne connais rien à ce jeu…

— Pas « jeu ». « Je » comme dans « Je, me, moi ».

— Ah, d'accord !

— Nous ne cessons de penser à nous-mêmes, tout le temps. Même lorsque cela nous rend malheureux et tendus. Si nous nous concentrons trop sur nous-mêmes, nous en devenons malades. Matin, midi et soir, un bavardage constant se fait entendre à l'intérieur de nous, un monologue intérieur. Mais paradoxalement, plus nous sommes en mesure de penser au bonheur des autres, plus nous devenons nous-mêmes heureux.

— Pas beaucoup d'espoir pour des gens comme moi, n'est-ce pas ? demanda Franc d'un air dépité.

— Pourquoi ?

— J'ai un restaurant très fréquenté. J'y suis chaque jour de la semaine et j'y travaille de longues heures. Je n'ai simplement pas le temps de penser à rendre les autres heureux.

— Mais je dirais que vous avez un grand avantage ! rétorqua Geshe Wangpo. Le bonheur des autres n'est pas une idée abstraite. Nul besoin d'aller dans les montagnes pour méditer là-dessus. Ça commence à la maison et au travail, par les personnes et les êtres qui partagent votre vie. Si vous avez des clients, pensez à chacun d'eux comme à une occasion de pratiquer l'amour bienveillant. Vous pouvez leur servir un café, ou vous pouvez leur servir un café *et* un sourire : quelque chose qui les rend plus heureux pendant le temps qu'ils sont en votre compagnie. Si vous avez du personnel, eh bien, vous êtes une personne très importante dans leur vie. Vous avez ce grand pouvoir de les rendre heureux… ou malheureux.

— Je n'avais jamais pensé, dit Franc, que gérer une entreprise et faire de l'argent pouvaient contribuer à faire de moi un bouddhiste.

— Mais bien sûr ! Tout fait partie du Dharma. Vos affaires. Votre famille. Tout. Quand vous commencez, la pratique du Dharma se présente d'abord comme un filet d'eau qui s'écoule du haut d'une montagne, le filet n'affectant qu'un petit espace vert de quelques centimètres, tandis que l'eau s'écoule jusqu'au sol. Mais quand vous pratiquez le Dharma de plus en plus, l'écoulement se fait plus vigoureux et se renforce à cause d'une confluence avec d'autres courants. Le flot peut parfois se faire plus hésitant, comme une cascade, ou disparaître sous la surface, mais il continue sa course et gagne continuellement en force. À la fin, le courant se change en un fleuve large et puissant, et il devient le centre de votre vie.

Pensez à votre pratique du Dharma comme à ce courant qui croît de jour en jour ; de ce fait, il apporte toujours plus de bonheur aux autres et, invariablement, à vous-même.

Plusieurs jours plus tard, je me reposais sur le classeur dans le bureau des adjoints quand j'ai ressenti une compulsion bien familière ; une irrésistible envie de me lécher. J'avais à peine commencé à me toiletter que je me suis rappelé l'horreur de mon expérience avec les boules de fourrure, ainsi que les mots de Geshe Wangpo : « Si nous nous concentrons trop sur nous-mêmes, nous en devenons malades. » Je me suis également souvenu de son conseil à l'effet de se concentrer davantage sur les autres. Après quelques instants, j'ai donc mis un terme à mon toilettage et je suis descendue du classeur.

Tenzin avait ses lunettes sur le nez et semblait absorbé par un important courriel que Sa Sainteté avait écrit au premier ministre britannique. Chogyal finalisait quant à lui l'itinéraire de la prochaine visite en Asie du Sud-Est.

Avec un doux miaulement, je me suis déplacée vers Chogyal et j'ai poussé une de ses mains hors du clavier.

Les deux adjoints se sont échangé un regard. Pendant que Chogyal hésitait, j'ai léché le dos de sa main en guise d'appréciation.

— Qu'y a-t-il donc ma petite lionne des neiges ? demanda-t-il, étonné par tant d'affection.

— Très inhabituel, fit remarquer Tenzin, avant d'ajouter : elle se léchait encore. As-tu remarqué ? Peut-être qu'elle mue.

— Je n'ai rien vu, fit Chogyal en tendant le bras pour ouvrir son tiroir de bureau. Mais je pourrais peut-être faire quelque chose.

De son tiroir, il a sorti un sac contenant un peigne et une brosse. Puis, me prenant dans ses bras, il m'a emmenée dans le corridor, où il a commencé à peigner mon épaisse fourrure, enlevant de grandes touffes à chaque coup de peigne.

J'ai commencé à ronronner de satisfaction. Et le ronronnement s'est poursuivi pendant les 10 minutes où il a brossé mon dos, mes flancs, puis mon ventre blanc et abondamment duveteux. Chogyal a enlevé chaque boule de poils, jusqu'à ce que ma fourrure miroite telle de la soie. Rarement avais-je ressenti un tel bonheur. La tête penchée vers l'arrière et les yeux fermés, j'ai pensé que si c'était le genre de récompense qu'on obtenait pour vouloir rendre les autres heureux, je devrais certainement le faire plus souvent !

Dans les semaines qui ont suivi l'adoption de Kyïe Kyïe et la première rencontre entre Franc et Geshe Wangpo, j'ai accordé une attention particulière à la situation qui régnait au Café Franc. Marcel et Kyïe Kyïe faisaient maintenant officiellement la paire ; les deux chiens partageaient un seul et même panier sous le comptoir, et on les promenait ensemble. Le poil terne et l'apparence chétive de Kyïe Kyïe n'étaient plus qu'un mauvais souvenir. Des yeux brillants et espiègles caractérisaient désormais le Lhassa apso.

J'étais soulagée de voir qu'il n'y avait eu aucun changement d'attitude à mon égard. J'étais toujours Rinpoché, le chat du dalaï-lama, celle qui occupait la meilleure étagère du café et à qui on réservait chaque jour les morceaux les plus savoureux du menu du jour.

Mais il était impossible de ne pas remarquer le changement qui s'était opéré chez Franc. La toute première fois où je l'ai vu après nos circumambulations autour du temple, j'ai immédiatement remarqué que l'Om en or avait disparu de son oreille gauche. En examinant ensuite son poignet, j'ai vu qu'il avait également enlevé ses ficelles de bénédiction. Manifestement, il avait pris à la lettre les remarques de Geshe Wangpo à propos des Rolex de contrefaçon, et il avait décidé que l'authenticité, bien que plus difficile à obtenir, était préférable.

Chaque jour, Franc arrivait maintenant au travail une demi-heure plus tard qu'auparavant, une séance de méditation faisant désormais partie de sa routine matinale. Il s'est aussi mis à porter une casquette de baseball tout au long de la journée, et même le soir. Au début, je ne comprenais pas pourquoi cette casquette. Mais une fois, alors qu'il l'avait brièvement enlevée pour se gratter la tête, j'ai remarqué une couche de duvet. À mesure que ses cheveux allongeaient, la caricature de son ancien moi commençait à se dissiper. Il n'y avait plus de *bouddhisme ceci* et de *Dharma cela* comme avant. Il ne mentionnait presque plus que j'étais le chat du dalaï-lama et je ne l'ai pas entendu une seule fois révéler la provenance de Kyïe Kyïe à ses clients.

Aussi curieusement que le karma fonctionne, la métamorphose de Franc ne pouvait mieux tomber.

Un jour, à l'heure du dîner, un couple à l'air sérieux est arrivé au café et a passé en revue le menu du midi. Portant des vêtements austères aux couleurs brun-gris, ils ressemblaient à d'autres couples d'intellectuels occidentaux faisant leur pèlerinage en Inde. Peut-être était-il un chargé de cours en bouddhisme Pāli sur un certain campus américain. Peut-être enseignait-elle le yoga Ashtanga ou était-elle un chef végétalien dans un centre de santé alternative. De la façon dont ils mastiquaient consciencieusement leur nourriture, ils semblaient en tout cas prendre l'expérience du Café Franc très au sérieux.

Ce n'est qu'une heure et demie plus tard, après avoir terminé leurs desserts et cafés, que l'homme a sollicité l'attention de Franc d'un surprenant signe de l'index. Ce n'était pas la première fois que les deux hommes échangeaient. Il avait déjà interrogé longuement Franc avant de choisir son plat principal, une expérience que Franc avait acceptée avec une bienveillance nouvellement acquise.

— J'ai simplement pensé que je pourrais me présenter en bonne et due forme, dit-il sur un ton cultivé dans le style « Nouvelle-Angleterre ». Charles Hayder des *Guides alimentaires Hayder.*

Dire que Franc était surpris serait un euphémisme. Il était estomaqué ! *Les guides alimentaires Hayder* étaient parmi les plus vénérés du monde. Largement distribués et hautement respectés, ils pouvaient consacrer la réputation d'un établissement, ou bien le faire fermer.

Franc bafouilla qu'il se sentait honoré.

— Un ami à New Delhi nous a parlé du Café Franc. Nous avons alors pensé en faire l'essai, dit Hayder, penchant la tête vers son épouse, qui lui rendit un large sourire. Je dois admettre que le repas que nous avons eu aujourd'hui était exceptionnel. Chaque composante était exquise ! J'irais même jusqu'à dire que c'est la meilleure cuisine que nous ayons mangée dans la région. Nous allons vous recommander dans un reportage sur l'Inde qui sera publié dans le *New York Times.*

Franc était si dépassé par les événements que, pour la première fois de sa vie, il semblait ne pas trouver les mots.

— Une seule surprise, poursuivit Hayder, sur le ton de la confidence. On m'avait dit que le maître des lieux était un aspirant bouddhiste plutôt ostentatoire. M'a-t-on mal informé ?

Franc s'arrêta un court instant, regardant son poignet nu.

— Non, on ne vous a pas mal informé, répondit-il. Il l'était bel et bien.

— Oh, ainsi le Café Franc a redoré son image ?

— Le changement est beaucoup plus profond, laissa entendre Franc.

— Bien sûr ! clama Hayder avec un sourire amusé, cela transparaît ! Même si ça va à l'encontre de nos principes, je n'aurai d'autre choix que de vous donner une critique entièrement favorable.

Il serait insensé, cher lecteur, de croire qu'un simple enseignement de la part d'un lama haut placé suffirait à éradiquer le narcissisme, tant chez les chats que chez les êtres humains. De toutes les illusions, l'égocentrisme est sûrement celle qui parvient le mieux à se travestir, semblant pour un temps se soustraire à notre vue pour mieux réapparaître sous les dimensions monstrueuses d'une forme entièrement transmuée.

Je n'avais donc pas craché ma dernière boule de poils !

Pas plus que Franc.

Mais un changement s'était produit. Nous prenions une nouvelle direction. Et dans les mois à venir, comme j'allais le découvrir, des développements se feraient sentir au Café Franc, tous plus intrigants les uns que les autres.

CHAPITRE 7

Avez-vous vos petites habitudes ? Parmi les tasses de café dans votre cuisine, y en a-t-il une que vous préférez, alors que toutes remplissent néanmoins leur fonction ? Avez-vous développé des rituels personnels — peut-être dans la manière dont vous lisez votre journal, appréciez votre verre de vin ou faites vos ablutions — qui sont propres à vous rassurer, à vous faire croire que la vie est comme elle devrait l'être ?

Si vous avez répondu oui à l'une de ces questions, alors, cher lecteur, vous pouvez très bien avoir été un chat dans une vie antérieure. Et, pour en être un, je ne peux penser à aucune autre distinction plus élevée que celle-là !

Aucune créature n'est plus attachée à ses habitudes que nous, les chats. Canapés préférés pour un bain de soleil, heures des repas, cachettes, surfaces sur lesquelles faire nos griffes ; nous tirons de ces habitudes une source quotidienne de satisfaction.

Et c'est principalement parce que les êtres humains apprécient la routine que nous les acceptons dans nos foyers et que nous les gardons même comme membres de notre personnel.

Il y a, naturellement, quelques ruptures que nous apprécions tous. Comme la vie serait ennuyeuse si nous ne pouvions, par exemple, faire occasionnellement l'essai d'un nouveau mets raffiné — comme ce jour où Mme Trinci est arrivée triomphante à Jokhang, un plateau de lasagne à l'aubergine dans les bras. Ou la distraction du matin quand, au Café Franc, un chic Asiatique coupe son pain grillé en petits morceaux, applique du beurre et de la marmelade sur chacun d'eux, puis sort des baguettes pour les manger.

De tels incidents sont une diversion que nous accueillons à bras ouverts. Mais quand des événements plus importants menacent le caractère prévisible et confortable de la vie, c'est une question complètement différente. Je parle donc ici du changement. Un thème cher au dalaï-lama. La seule constante de la vie, disait Bouddha lui-même.

Pour parler au nom de la plupart des chats et des êtres humains, il est sûrement juste de dire que le changement est quelque chose que nous préférerions voir arriver aux autres plutôt qu'à nous-mêmes. Mais, hélas, il semble qu'aucun n'y échappe. Vous êtes là, pensant que votre vie de tous les jours, avec ses habitudes et ses rituels réconfortants, va durer indéfiniment. Puis, de nulle part, comme si un pitbull déchaîné et écumant, ou tout autre archétype démoniaque, apparaissait subitement devant vous, vous vous retrouviez dans la confusion la plus totale.

J'ai découvert cette vérité pour la première fois sans grand incident, un matin où je flânais dans le bureau des adjoints, sans me douter de rien, après ma méditation matinale avec Sa Sainteté. Au départ, rien ne laissait présager une telle chose. C'était un jour ouvrable comme tant d'autres, avec son brouhaha habituel d'appels téléphoniques et de réunions, et le chauffeur qui se présentait pour conduire le dalaï-lama à l'aéroport. Je savais qu'il partait pour deux semaines en Europe et qu'il y visiterait sept pays. Vivant à Jokhang depuis maintenant plus de huit mois, période pendant laquelle Sa Sainteté avait séjourné plusieurs fois à l'étranger, je m'étais faite à l'idée qu'elle devait fréquemment voyager. Lorsque le dalaï-lama quittait, son personnel s'assurait que je reçoive tous les soins auxquels j'avais droit.

C'était du moins l'habitude.

À cette occasion, cependant, les choses se sont avérées très différentes. Au milieu de ce premier matin, deux hommes, dans des salopettes tachées de peinture, se sont présentés au bureau des adjoints. Chogyal les a conduits aux appartements que je partageais avec Sa Sainteté et où, bientôt, ils se sont mis à installer des échelles et à recouvrir le plancher de bâches de plastique.

Une transformation horrifiante s'en est rapidement suivie. Les photographies et les thangkas ont été enlevés des murs, les fenêtres, dépouillées de leurs rideaux, les meubles, drapés avec de la toile. En quelques minutes, mon sanctuaire unique s'est transformé en un chaos méconnaissable.

Chogyal m'a prise dans ses bras, probablement pour me rassurer. De plein droit, je m'attendais à ce qu'il me fasse des excuses pour tout ce dérangement, qu'il me dise que les peintres en auraient terminé en un rien de temps, et qu'il me confirme que ma maison redeviendrait bientôt comme avant. Mais les événements ne sont devenus que plus stressants.

Me portant jusqu'à son bureau, il m'a placée à l'intérieur d'une boîte en bois affreuse qui trônait maintenant sur son bureau. Faite de bois grossièrement taillé, elle était si petite que je pouvais à peine me retourner à l'intérieur. Avant même que je puisse protester, Chogyal a verrouillé le grillage métallique qui tenait lieu de couvercle et m'a transportée en bas des escaliers.

Outrage ou terreur, je ne sais vraiment ce que j'ai ressenti avec le plus d'intensité.

Au début, l'outrage a sûrement prédominé. Il s'agissait d'un enlèvement ! Comment Chogyal osait-il faire une telle chose ! Avait-il oublié qui j'étais ?! *Et* au moment même où le dalaï-lama nous quittait ! Par Chogyal en plus ! Cet être habituellement si chaleureux ! À quelle influence malveillante avait-il succombé ? Si Sa Sainteté avait su ce qui se passait, je suis sûre qu'elle y aurait immédiatement mis un terme.

Chogyal a traversé une section du monastère de Namgyal que je connaissais bien, avant de continuer dans une direction où je n'avais jamais mis les pieds. Il avait sa démarche décontractée habituelle, chantant même des mantras à voix basse, comme si de rien n'était. De temps en temps, il s'arrêtait pour une brève conversation, montrant la cage de sorte que les autres puissent me regarder comme un spécimen zoologique. Regardant furieusement par une fente entre deux morceaux de bois, je n'apercevais pour ma part que des tuniques rouges et des sandales. Si j'avais pu griffer et administrer quelques bons coups de patte, je n'aurais pas hésité.

Chogyal continuait de marcher, quand soudain, je me suis rappelé qu'une telle chose s'était déjà produite auparavant. Pas à moi personnellement — du moins pas dans cette vie en particulier. Mais l'histoire nous a révélé des époques où des individus raffinés et de haut lignage étaient arrachés de leur foyer et transportés en charrette vers un destin funeste. Comme les étudiants en histoire européenne l'ont déjà deviné, je pense à la Révolution française.

Est-ce que cela avait été bien différent de ce qui m'arrivait en ce moment ? Ce doux Chogyal ne s'était-il pas métamorphosé en un sinistre Robespierre tibétain ? La façon dont il m'avait exhibée aux gens qui passaient ne ressemblait-elle pas à ce qui s'était produit lorsque ces pauvres aristocrates avaient été charroyés dans les rues de Paris pour affronter la guillotine ? Un effroyable rituel dont j'avais entendu parler alors que Tenzin mangeait son sandwich du midi, il y avait à peine une semaine.

Soudainement, j'ai commencé à avoir peur, à devenir plus craintive au fur et à mesure que Chogyal avançait en territoire inconnu. Peut-être n'y aurait-il aucune guillotine à la fin de ce périple, mais pour la première fois, je me suis demandé si ce n'était pas une erreur. Si un certain plan avait été adopté avec le consentement du dalaï-lama ? Peut-être Sa Sainteté avait-elle fait une certaine remarque que ses adjoints avaient mal interprétée, une remarque voulant qu'il préférait ne plus m'avoir dans les jambes ? Allais-je être rétrogradée de chat de Sa Sainteté à simple chat domestique de McLeod Ganj ?

Le secteur où nous nous trouvions en ce moment avait été laissé à l'abandon. À travers une fente dans la boîte, je pouvais observer des trottoirs sales et des jardins non entretenus, humer des odeurs âcres et entendre les cris des enfants. Chogyal a dévié de sa route pour emprunter un sentier poussiéreux qui menait à un bâtiment de béton affreux. Tandis qu'il poursuivait son chemin, je pouvais seulement deviner que nous étions dans un couloir ouvert avec des portes des deux côtés. Certaines portes étaient entrebâillées et laissaient entrevoir des pièces où des familles entières étaient rassemblées, assises sur le sol autour de plats de nourriture.

Mon ravisseur a sorti une clé de sa tunique et ouvert une porte. Il est entré dans la pièce et a déposé la cage sur le plancher.

— Qu'on est bien à la maison ! dit-il gaiement en ouvrant la grille de métal pour laisser sortir mon corps tremblotant sur ce qui semblait être sa couette. Tu dois rester avec moi, CDSS, jusqu'à ce que les peintres aient terminé.

Il m'expliquait la situation, en me caressant, comme si loin de m'avoir fait subir l'épreuve la plus terrible de ma vie, il m'avait simplement promenée pendant 20 minutes.

— Ça ne devrait pas prendre plus d'une semaine.

Toute une semaine !

— Ils doivent tout repeindre : les murs, les plafonds, les cadres de fenêtre et les portes. Lorsqu'ils auront terminé, tout sera comme neuf. Pendant ce temps, tu es en vacances avec moi. Et ma nièce, Lasya, prendra soin de toi.

Une fillette âgée d'à peu près dix ans, avec des yeux de lynx et les doigts sales, est arrivée de l'extérieur et s'est mise à genoux sur le plancher. Elle a commencé à me parler sur un ton aigu, comme si j'étais stupide ou dure d'oreille.

Je me suis faufilée jusque sur le lit. Les oreilles rabattues vers l'arrière et la queue en bas, j'ai rampé sous la couette. Là, l'odeur de Chogyal sur la literie m'était au moins familière.

Je me suis réfugiée dans l'obscurité.

Je suis restée là pendant les trois jours qui ont suivi, dormant autant d'heures que je le pouvais. Je n'émergeais que pour m'occuper des appels les plus pressants de la nature, avant de retourner me coucher en une boule pelucheuse et malheureuse.

Chogyal partait travailler pendant la majeure partie de la journée, et Lasya s'est bientôt fatiguée d'essayer de jouer avec un chat qui ne se montrait pas réceptif. Ses visites ont fini par être brèves et peu fréquentes. Graduellement, le bruit des familles qui commençaient leur journée et les arômes culinaires me sont devenus plus familiers. Après trois jours passés à demi éveillée dans une quasi-obscurité, j'en suis venue à une conclusion : je m'ennuyais.

Ainsi, au quatrième jour, quand Lasya est arrivée tard dans l'après-midi, j'ai rampé sous la couette et j'ai sauté sur le plancher pour la première fois. Là, nous avons découvert un nouveau jeu, de façon tout à fait accidentelle. Pendant que je me frottais contre son pied droit, son gros orteil a glissé à l'intérieur de mon oreille gauche, les autres demeurant à l'extérieur. Faisant aller ses doigts de pied, elle a improvisé un massage des oreilles qui m'a fait ronronner de gratitude. Ni le dalaï-lama ni aucun membre de son personnel n'avaient l'habitude de mettre le gros orteil dans mon oreille, mais comme je le découvrais à présent, la sensation était tout à fait délicieuse. L'oreille gauche a bientôt cédé la place à l'oreille droite, et tandis que je levais les yeux pour regarder le visage amusé de Lasya, j'ai compris pour la première fois que mon bonheur ne dépendait pas d'un environnement en particulier.

J'ai marché jusqu'à la porte, puis j'ai rejoint le corridor. Avec Lasya comme garde du corps, j'ai tenté d'accéder à l'arrière du bâtiment. Dans la pièce juste à côté, une femme et trois enfants étaient assis sur le plancher, remuant le contenu d'une marmite déposée sur un brûleur unique et chantant quelque chose qui ressemblait à une comptine. Pour les avoir entendus chanter depuis les trois derniers jours quand ils préparaient leurs repas, j'étais curieuse de voir à quoi ils ressemblaient. À la différence des démons tapageurs de mon imagination, ils étaient d'une certaine façon plus petits et plus communs que je l'avais imaginé.

Au moment où je suis apparue, ils se sont arrêtés pour me regarder. Nul doute que la nouvelle de mon arrivée avait fait le tour du corridor. Étaient-ils, d'une certaine façon, intimidés de se retrouver en présence du chat du dalaï-lama ? Je suis certaine que oui !

Finalement, un des enfants, peut-être âgé de huit ans, a réagi. Extrayant une lanière de viande du plat qui mijotait, il a soufflé dessus pour la refroidir avant de me l'offrir. J'ai reniflé, hésitante. Ce n'était certes pas le filet mignon du Café Franc; mais j'avais faim, et ça sentait drôlement bon. Après avoir pris la viande qui reposait dans sa main et l'avoir mâchée contemplativement, je dois bien admettre qu'elle m'a délicieusement rassasiée!

Puis continuant notre chemin, Lasya et moi avons traversé l'arrière-cour — une bande de terre désertique — jusqu'à un mur d'un mètre de hauteur. Quand j'ai sauté sur le dessus du muret, quelle ne fut ma surprise de me retrouver à proximité d'un terrain de football. Deux équipes d'adolescents luttaient dans la poussière pour la possession d'un ballon fabriqué à partir de sacs de plastique chiffonnés et attachés ensemble par de la ficelle. Je comprenais maintenant d'où tous les cris et l'excitation que j'avais entendus sous la couette provenaient.

Lasya s'était perchée près de moi pour regarder le match, les jambes se balançant au-dessus du muret. Elle semblait connaître les joueurs et, de temps en temps, elle laissait échapper des cris d'encouragement. Me lovant à côté d'elle, j'ai regardé le jeu se dérouler; c'était mon premier match de foot et, en comparaison du mode de vie sédentarisé qui prévalait à Jokhang, c'était absolument captivant.

J'avais à peine remarqué que la nuit tombait, quand j'ai vu que des bougies et des lampes s'allumaient dans les maisons autour de nous. Les arômes de dizaines de repas se mélangeaient à la brise du soir, accompagnés du tintement des assiettes, des éclats de rire et des chamailleries en famille, sans oublier le bruit causé par l'eau courante et la télévision. C'était tellement différent de la vue et du bruit auxquels j'étais habituée depuis mon rebord de fenêtre dans les appartements de Sa Sainteté. Mais je ne pouvais ignorer qu'il se trouvait ici une énergie vibrante, une vie où tout se passait presque à ciel ouvert.

Le soleil glissait au-dessous de l'horizon, et la noirceur s'installait tranquillement. Lasya était depuis longtemps partie retrouver sa famille et m'avait laissée perchée sur le muret, mes pattes soigneusement repliées sous le corps.

C'est à cet instant que j'ai aperçu un mouvement sur le côté du bâtiment, une ombre fluide qui se laissait glisser sans effort le long d'un baril de 150 litres — un chat ! Et pas n'importe lequel. Un chat exceptionnellement gros et musclé, avec des rayures foncées et nettement définies. Il ne faisait aucun doute qu'il s'agissait du même chat tigré que j'avais vu pour la première fois dans la cour du temple, sous la lumière verte émanant d'un étal du marché. Combien de temps avait-il passé assis sur le baril à m'observer, je ne pouvais le deviner. Mais ses gestes ne laissaient planer aucun doute au sujet de ses motivations.

Traversant d'un bout à l'autre l'arrière-cour laissée à l'abandon, il m'a complètement ignorée. Comme si je n'existais pas. Ce ne pouvait être plus manifeste !

Et puis soudain, je me suis retrouvée dans tous mes états. Pour quiconque me regardait, je ne ressemblais probablement qu'à un chat en train de se reposer placidement sur un mur. Mais mes pensées et mes émotions étaient dans un état d'agitation stupéfiant. Le style seigneurial que le chat avait emprunté pour flâner à travers la cour indiquait clairement que c'était son domaine. Puisqu'il s'était aventuré aussi loin qu'à Jokhang, il était évident qu'il s'agissait d'un félin d'une certaine stature. Les rayures asymétriques trahissaient bien de modestes origines, mais son territoire s'était néanmoins étendu de façon impressionnante.

Et il jouait un jeu pour moi !

J'étais certaine qu'il reviendrait de nouveau. Pas ce soir, bien sûr. Ce serait trop flagrant. Mais… demain ?

Quand un peu plus tard Chogyal est rentré du travail, Lasya l'a saisi par la main dans le corridor et l'a conduit à l'extérieur, là où j'étais assise.

— Super de te voir dehors, CDSS ! dit-il en me prenant et me chatouillant sous le menton. De retour à la normale.

Ça alors ! J'avais éprouvé un tas de choses lors de cette rencontre. Mais de la normalité ? Certainement pas !

Le jour suivant, il me tardait que Lasya arrive au courant de l'après-midi. J'avais passé toute la matinée à me toiletter de sorte que mon poil, épais et blanc, reluise abondamment. Les oreilles complètement nettoyées et les moustaches scintillantes, j'avais également joué du violoncelle avec vigueur — bien plus *allegro vivo* qu'*adagio*, pour ceux d'entre vous qui seraient familiers avec le célèbre concerto de Dvorak.

Lasya n'avait pas ouvert la porte que j'étais déjà sortie. Je suis retournée au mur en tâchant de laisser paraître que je m'y trouvais par hasard, presque accidentellement. De nouveau, un match de foot battait son plein sur le terrain en bas. Des appartements derrière moi s'élevaient les bruits, désormais familiers, de la vie de famille. Lasya a passé quelques minutes à s'asseoir tout près, lisant un livre scolaire, avant de retourner à toute vitesse à l'intérieur.

Du coin de l'œil, je l'ai alors aperçu. Son ombre est apparue sur le baril de 150 litres. Je me suis levée, j'ai étiré mes pattes avant, puis mon dos, avec une insouciance désinvolte, avant de sauter du mur et de faire semblant de retourner à l'intérieur.

Comme je l'avais espéré, c'en était trop pour mon admirateur.

Silencieusement, il a glissé le long du baril et marché de telle sorte que nos chemins se croisent. À une distance convenue entre nous deux, nous avons fait une pause. Pour la première fois, j'ai regardé directement dans ses yeux brillants et ambrés.

— On s'est déjà vus quelque part? demanda-t-il en brisant la glace avec la phrase la plus clichée qui soit.

— Je ne pense pas.

J'essayais de mettre la bonne dose d'encouragement dans ma voix, sans toutefois donner l'impression d'être facile.

— Je suis sûr que je t'ai déjà vue.

Je ne savais que trop bien où il m'avait vue, mais je n'avais aucune intention de lui révéler à quel point il m'avait captivée. Pas tout de suite, du moins.

— Il y a quelques Himalayens dans le coin, répondis-je, indiquant mon pedigree impeccable, quoique peu documenté. Est-ce ton territoire ?

— Absolument, dit-il. Jusqu'à Jokhang, puis jusqu'en bas de la rue principale, sans oublier les étals du marché.

Les étals du marché n'étaient situés qu'à deux pas de ma destination préférée.

— Que penses-tu du Café Franc ? demandai-je.

— As-tu perdu la tête ? Le propriétaire déteste les chats.

— La meilleure cuisine dans tout l'Himalaya, selon le *Guide alimentaire Hayder*, répondis-je d'un air décontracté.

Il cligna des yeux. « N'a-t-il jamais rencontré un chat de la haute auparavant ? » me suis-je demandé.

— Comment arrives-tu à t'approcher du… ?

— Tu connais l'adage « Ce qui compte, c'est qui l'on connaît » ?

Il acquiesça d'un signe de tête.

— Pas vrai, ai-je souri de manière énigmatique. Ce devrait être « Ce qui compte, c'est qui *vous* connaît. »

Il s'est arrêté pendant un moment, regardant droit devant lui. Je pouvais lire la curiosité dans ses yeux.

— Aurais-tu un conseil pour un tigré issu du mauvais côté de la ville ? risqua-t-il.

Comme c'est mignon !

— « Porte le chapeau d'or si ça doit l'émouvoir », ai-je commencé, citant l'épigraphe du livre que Tenzin considérait comme le plus grand roman américain : *Gatsby le magnifique.* « Si tu peux sauter haut, bondis pour elle, aussi / Qu'elle crie : 'Amour, amour chapeauté d'or qui saute haut, il faut que tu sois mien !' »

— D'où ça vient ? demanda-t-il en plissant le museau d'un air songeur.

— D'un livre que je connais.

Il commença à s'éloigner.

— Tu pars ? demandai-je, m'émerveillant encore de son maintien musculaire.

— Je vais chercher un chapeau, répondit-il.

Il n'y eut aucun signe de lui le matin suivant, mais j'étais certaine que je le reverrais pendant l'après-midi. Jamais je n'avais ressenti un tel délire romantique, un mélange si étourdissant et si inflammable de désir, d'appréhension et d'obscur magnétisme animal. J'étais si préoccupée ce matin-là que j'ai à peine remarqué que Chogyal était rentré à la maison à l'heure du dîner plutôt qu'en soirée. Aussi, n'ai-je prêté que peu d'attention quand il a sorti la cage de bois de sous le lit. Ce n'est que lorsqu'il m'y a placée que j'ai compris ce qui se produisait.

— Les peintres ont déjà fini leur travail, expliqua-t-il, comme si je devais être ravie de ce qui arrivait. Sachant à quel point tu étais malheureuse d'être ici, j'ai pensé que tu voudrais rentrer à la maison au plus tôt.

Sans cérémonie, j'ai de nouveau été transportée, cette fois vers Jokhang.

Il n'y avait pas de doute que la rénovation était un grand succès. Les pièces, si familières, resplendissaient de peinture fraîche, les moulures avaient été polies jusqu'à en être étincelantes, bref, tout était comme avant, mais en plus propre et refait à neuf. Le seul changement apporté me concernant : deux coussins rectangulaires avaient été recouverts de laine taupe, placés sur le rebord de la fenêtre pour mon plus grand confort.

À mon retour, Tenzin m'a traitée aux petits soins : le parfum de ses mains fraîchement lavées au savon au phénol me rappelant, de façon mordante, que j'étais rentrée au bercail. Ma marque de nourriture préférée m'attendait aussi, et je ne me suis pas fait prier pour m'en délecter. Cet après-midi-là, quand les employés de Sa Sainteté sont rentrés chez eux, me laissant en paix, j'aurais dû être heureuse que mon expérience dans la banlieue surpeuplée de McLeod Ganj soit derrière moi.

Seulement, je ne l'étais pas.

J'aurais tellement aimé pouvoir y retourner ! Comme je me languissais de ce minou tigré ! Quelles étaient les chances que nous nous revoyions encore si je restais dans ma tour d'ivoire à Jokhang ? Penserait-il que ma disparition soudaine signifiait que je n'avais aucun intérêt pour lui ? Un tigré d'une telle magnificence léonine n'aurait aucun mal à se trouver une autre compagne. Allait-il faire une croix sur moi avant même qu'on ait la chance de vraiment se connaître ?

Tandis que je pensais au temps que j'avais passé chez Chogyal, ce qui ressemblait à un rêve dont j'avais gardé la mémoire, j'ai dû reconnaître à quel point j'avais été sotte de passer trois journées entières sous la couette. De ne pas profiter d'une si belle occasion ! Rater une telle opportunité ! Je ne pouvais qu'imaginer ce qui aurait pu se produire si j'avais émergé au premier jour, plutôt qu'au quatrième. Quelles expériences aurais-je pu vivre, et comment ma relation avec le chat de mes rêves aurait pu se développer. À la place, je m'étais privée d'une belle occasion en raison de mon apitoiement ridicule.

Le dalaï-lama est rentré à Jokhang le jour suivant. Il n'a eu qu'à entrer dans la pièce, et tout allait bien comme avant. L'angoisse relationnelle et la culpabilisation, de tels traumatismes devenaient tout à fait futiles maintenant que le dalaï-lama était de retour. Avant qu'il ne prononce même un seul mot, sa présence tranquille et radieuse semblait venir à bout des pensées négatives de toutes sortes, ne laissant qu'un sentiment de profond bien-être.

Conduit par Tenzin et Chogyal vers ses appartements réaménagés, le dalaï-lama rayonnait de bonheur.

— Très bien ! Excellent ! disait-il sans cesse, tandis qu'ils lui montraient les nouvelles poignées de porte en laiton et les améliorations apportées aux mesures de sécurité.

Dès qu'ils sont partis, il est venu me caresser. Et j'ai tout de suite retrouvé cette sensation de bonheur qui m'habite lorsqu'il me regarde dans les yeux et qu'il murmure quelques mantras.

— Je sais que tu as connu un moment difficile, dit-il après un certain temps. Ta bonne amie, Mme Trinci, arrive bientôt pour préparer le dîner. Je suis sûr qu'elle aura quelque chose de délicieux juste pour toi.

Même si je n'avais jamais entendu parler de l'invité de Sa Sainteté avant ce jour-là, j'ai néanmoins deviné qu'il était quelqu'un de très spécial — car de pair avec la fragilité de ce petit vieillard en habit de moine, de sa tranquillité se dégageait une puissance remarquable. Apparemment, ses plans de voyage avaient été perturbés par une grève syndicale en France. Tout en le dirigeant vers un fauteuil confortable, le dalaï-lama sympathisait avec son visiteur quant aux aléas du voyage.

Mais Thich Nhat Hanh, maître zen, professeur, gourou bien-aimé et auteur de plusieurs livres fascinants, a repoussé ces contretemps du revers de la main.

— Qui sait quelles opportunités peuvent se présenter en raison de ces retards ? Je suis sûr que vous connaissez cette histoire zen du fermier et de son cheval ?

Sa Sainteté le pressa de continuer.

— L'histoire se situe dans une ère révolue au Japon, quand un cheval n'était pas seulement un cheval, mais également un signe de richesse.

Le dalaï-lama hocha la tête. Thich Nhat Hanh avait également réussi à capter toute mon attention.

— Ce fermier venait d'acquérir son premier cheval, et tous les villageois des environs étaient venus pour le féliciter : « Tu dois être fier de posséder un cheval aussi magnifique ! », lui disaient-ils.

Mais le fermier, comprenant quelque chose à propos de l'importance de l'équanimité, a simplement souri et dit : « Nous verrons. »

Peu de temps après, le cheval s'est libéré de son enclos et a fui à travers champs. Les villageois ont témoigné de la sympathie pour le fermier : « Quelle terrible tragédie ! Quelle grande perte ! Comment est-ce possible de se remettre d'une telle épreuve ? »

Encore une fois, le fermier a simplement souri et dit : « Nous verrons. »

Moins d'une semaine avait passé quand le fermier s'est réveillé pour constater que le cheval était revenu, accompagné de deux chevaux sauvages. Avec la plus grande facilité, il les a conduits à l'intérieur de l'enclos et a refermé la barrière derrière eux. Les villageois pouvaient à peine croire ce qui s'était produit. « Quelle incroyable chance ! Voilà une bonne occasion de se réjouir ! Qui aurait pu croire qu'une telle chose était possible ? »

Naturellement, le fermier a simplement souri et dit : « Nous verrons. »

Son fils a commencé à dresser les deux chevaux sauvages. C'était un travail dangereux, et pendant qu'il l'effectuait, il a été éjecté d'un des chevaux et s'est cassé une jambe. Cela s'était produit peu avant les récoltes, et sans l'aide de son fils, le fermier aurait beaucoup de difficulté à faire les moissons. « Tes épreuves sont grandes, lui disaient les villageois. Perdre la contribution de ton fils à un pareil moment… il ne saurait y avoir plus grande infortune. »

« Nous verrons », est tout ce que dit le fermier.

Quelques jours plus tard, l'armée impériale envoyait des troupes dans chaque village pour recruter de jeunes hommes en santé et robustes. L'empereur avait décidé d'aller à la guerre et levait ses troupes. Mais parce que le fils du fermier s'était brisé une jambe, il a été dispensé de service.

Ainsi va la vie, conclut Thich Naht Hanh en souriant.

— Magnifique illustration, fit Sa Sainteté avec un sourire élogieux.

— Oui, acquiesça le visiteur. Tellement mieux que de s'opposer constamment au changement. Comme si nous étions pris dans une sorte de mélodrame égocentrique, à vivre des hauts et des bas dignes des montagnes russes.

— En effet, répliqua le dalaï-lama. Nous oublions que c'est seulement une question de temps avant qu'il y ait changement ; et, de nouveau, un changement de perspective.

Même s'il m'en coûte de l'admettre, alors que j'écoutais la conversation entre ces deux grands leaders spirituels, j'avais du mal à ne pas m'emporter contre les changements qui étaient récemment survenus dans ma propre existence. Combien avais-je été furieuse contre ce pauvre Chogyal, quand tout ce qu'il voulait, c'était de prendre soin de moi. Pendant un instant, je me l'étais même représenté comme un révolutionnaire meurtrier !

Ensuite, il y avait eu cette réaction idiote : me vautrer au lit pendant trois jours. Quel pathétisme ! J'étais déjà consciente de toutes les opportunités que j'avais manquées en me terrant sous la couette de Chogyal.

Un mélodrame égocentrique. Si je devais m'analyser moi-même, avec une honnêteté sans faille mais compatissante, ne serait-ce pas le terme exact que j'accolerais à la majeure partie de ma vie ?

— Très souvent, reprit Sa Sainteté, quand je rencontre des gens — des chefs d'entreprise, des artistes de variétés, et autres — ils me disent que ce qui semblait la pire chose à leur être jamais arrivée s'est avérée, en rétrospective, la meilleure chose.

— Nous sommes forcés de nous tracer une nouvelle voie, répondit Thich Nhat Hanh. Une qui puisse nous mener à plus de réalisation et de congruence, si nous le permettons.

— Oui, oui, convint Sa Sainteté.

— Même lorsque les choses tournent au plus mal, poursuivit le visiteur, nous pouvons trouver de nouvelles opportunités.

L'espace d'un moment, le dalaï-lama parut songeur, avant de déclarer :

— Le moment le plus difficile de ma vie a été de quitter le Tibet. Si la Chine n'avait pas envahi notre pays, je serais toujours à Lhassa. Mais en raison de l'invasion, je suis ici, et beaucoup d'autres moines et de nonnes le sont aussi. Mais depuis les 50 dernières années, le Dharma s'est étendu au monde entier. Je pense qu'il a apporté une contribution utile.

— J'en suis persuadé, répondit Thich Nhat Hanh. C'est probablement en raison de cet événement, il y a 50 ans, que nous nous rencontrons ici aujourd'hui.

« Et du fait que je suis le CDSS », ai-je pensé.

Et du fait que vous, cher lecteur, vous teniez ce livre.

Ce soir-là, le ventre plein du délicieux foie de poulet découpé en dés de Mme Trinci, je me suis assise sur mon nouveau rebord de fenêtre rembourré et je me suis concentrée sur la lumière verte qui éclairait l'autre côté du square. Une brise subtile charriait le doux parfum des forêts de pin et du rhododendron luxuriant, de même que les chants lancinants des moines qui prient.

Je me suis trouvée à regarder le rocher sur lequel j'avais aperçu le chat tigré pour la première fois. Mon chat tigré. Celui que j'espérais très fort… *Attendez une minute…* Je suis en train de m'apitoyer. N'était-ce pas la raison principale de mon mélodrame égocentrique ?

J'étais plutôt satisfaite de l'avoir constaté moi-même avant d'aller plus loin. Simplement pour me rendre compte que d'être satisfait de soi-même rentrait probablement aussi dans la catégorie du mélodrame égocentrique.

Ah, cet entraînement bouddhiste de l'esprit ! Ne pourrions-nous pas nous tromper parfois au sujet de quelque chose ? Pas même un peu ?

Je me suis rappelé Thich Nhat Hanh : sa sérénité, sa force, sa simplicité.

J'ai scruté de façon méditative l'obscurité, la lumière verte qui brûlait à l'autre bout du square.

Nous verrons.

CHAPITRE 8

Si vous êtes un observateur particulièrement assidu de la condition féline, vous avez peut-être procédé à une analyse très personnelle à mon sujet. Pas une que j'aurais consciemment essayé de vous transmettre. Mais qu'on le veuille ou non, un auteur se trahit toujours de manière subliminale. Pas seulement à cause des mots qu'il couche sur le papier, mais en laissant d'autres indices subtils derrière lui. Des miettes de pain psychologiques, si vous voulez, ou peut-être, plus exactement, des flocons de saumon en boîte. Dans le meilleur des cas, garni avec de l'aneth ou un coulis de dijonnaise légère, mais piquante.

Naturellement, vous pourriez ne pas lire ce livre dans un environnement qui se prête à l'analyse médico-légale. C'est pourquoi je vais simplement lâcher le morceau et vous dire la simple vérité — et ce n'est pas facile pour moi de faire cet aveu — je suis un chat qui aime la nourriture. Et quand je dis

« aimer », je ne parle malheureusement pas du fait d'être un gourmet.

Je suis, cher lecteur, un vrai glouton.

Je sais, je sais, c'est dur à croire, hein ? À me regarder avec mes allures de boîte de chocolat et mes yeux bleus sophistiqués, on ne penserait pas ça de moi, n'est-ce pas ? Mais mon poil lustré cache un estomac qui, dans le passé du moins, était trop grand pour être sain et me tenait en esclavage.

Je ne suis certainement pas fière d'avoir été à ce point dépendante de la nourriture. Y a-t-il une culture sur Terre qui admire le mangeur insatiable, le sybarite ou l'hédoniste sans-gêne ? Mais avant que vous ne sautiez aux conclusions, laissez-moi vous demander ceci : avez-vous déjà essayé d'imaginer à quoi pouvait ressembler la vie dans la peau d'un chat ?

Aucune fébrilité à l'idée de humer le premier café de la journée, quelque chose que je peux voir sur le visage des clients, le matin au Café Franc. Pas plus que de plaisir à se délecter, les yeux fermés, de cette première gorgée de sauvignon blanc à la brunante. Nous, les chats, n'avons aucun accès à des substances pouvant servir à améliorer l'humeur au quotidien. À l'exception de l'herbe à chat, il n'y a aucun refuge pharmaceutique pour soigner notre ennui, une dépression, une crise existentielle, ou même un mal de tête quotidien.

Tout ce que nous avons, c'est la nourriture.

La question qu'on doit se poser est à quel moment le fait d'apprécier son alimentation passe-t-il d'un plaisir salutaire à l'obsession morbide ?

En ce qui me concerne, je me souviens de ce jour comme si c'était hier.

Sa Sainteté avait passé six semaines sans voyager, période pendant laquelle elle avait cependant reçu nombre de VIP, dont certains à dîner. Mme Trinci s'était retrouvée presque constamment à la cuisine, tâchant, jour après jour, d'atteindre de nouveaux sommets dans l'art culinaire.

Le plus beau dans tout ça, c'est que malgré la tâche, elle n'a jamais oublié les besoins particuliers de la plus belle créature qui ait jamais existé. Non seulement m'a-t-on servi un approvisionnement constant en petites douceurs, mais au fil du temps, j'ai également recueilli une liste toujours plus grande de nouveaux sobriquets. *Dolce mio* — ma chérie — roucoulait-elle en me plaquant sur sa poitrine généreuse et en m'embrassant dans le cou. *Tesorino* — petit trésor — chantonnait-elle en déposant un bol de foie de poulet découpé en dés devant moi. Pour Mme Trinci, la nourriture était une manifestation physique de l'amour, et elle donnait abondamment des deux.

Du reste, j'ai établi quelque chose que nous pourrions appeler une routine. Le déjeuner était désormais servi dans nos appartements privés, préparé exprès pour le dalaï-lama. Puis, vers le milieu de la matinée, je filais en direction du Café Franc, où Jigme et Ngawang Dragpa s'affairaient au menu du dîner. Préparés pour midi, les premiers et les plus fins morceaux du menu du jour étaient réservés pour Rinpoché. Je mangeais mon repas avec délectation avant de faire une sieste d'environ une heure sur le dessus de l'étagère. Avant que je ne refasse mon apparition à Jokhang, entre 15 et 16 h, Mme Trinci finissait à la cuisine. Je n'avais qu'à bondir sur le banc de la cuisine et à émettre un petit miaou pour qu'elle m'apporte un repas, accompagné de mots de réconfort quant au raffinement de mon apparence, mon charme, mon intelligence, ma lignée, ou autre qualité supérieure qui l'éblouissait à ce moment précis.

Tout ceci aurait été assez — d'aucuns diraient plus qu'assez — pour satisfaire le plus fin des palais félins. Mais pour reprendre cette question à laquelle les philosophes et les conseillers financiers consacrent tellement d'énergie : quand y en a-t-il assez?

Ce qui nous amène au jour où je me suis engagée sur la pente glissante qui conduit de gourmet à gourmand.

Je gravissais la colline depuis le Café Franc, où je m'étais empiffrée d'une portion particulièrement généreuse de canard à l'orange avant de mettre le cap sur Jokhang. Sans doute pour cette raison, remonter la colline était plus difficile qu'à l'habitude, et, pour la première fois, j'ai dû faire une pause sur le trottoir, devant Cut Price Bazaar.

Il apparaît que Mme Patel, propriétaire de l'établissement, se reposait sur un tabouret près de la porte et qu'elle a immédiatement reconnu le chat de Sa Sainteté. Dans un état de grande excitation, elle a ordonné à sa fille, à l'arrière du magasin, de m'apporter une soucoupe de lait, et elle m'a invitée à ne pas poursuivre mon ascension avant que j'aie suffisamment lapé pour rassembler mes forces. Ne souhaitant pas l'offenser, j'ai obéi.

Alors que je m'exécutais, Mme Patel a envoyé sa fille acheter du thon à l'épicerie d'à côté. Son enfant revenu, elle a renversé le contenu de la boîte sur une soucoupe en guise d'offrande supplémentaire. Je ne suis pas du genre à accepter de la nourriture de la part de parfaits inconnus, mais j'avais vu Mme Patel plusieurs fois auparavant. Une matriarche vaillante qui passait beaucoup de temps à parler aux passants et qui paraissait aussi douce que bienfaisante. Lorsqu'elle a déposé la soucoupe par terre, l'odeur délicieuse et saumâtre du thon a excité mes narines.

« Juste quelques bouchées, ai-je pensé, pour montrer ma bonne disposition. »

L'après-midi suivant, alors que je remontais encore une fois la colline, avant même que je ne franchisse le Cut Price Bazaar, Mme Patel m'avait préparé du thon et du lait. Ce qui ne devait être qu'une gâterie d'un jour a commencé à prendre la forme d'une habitude insidieuse.

Mais le pire était encore à venir.

Seulement quelques jours plus tard, cette bienveillante Mme Patel m'a interceptée alors que je descendais la colline, en chemin vers le Café Franc. Mâchant un morceau de pain naan farci au poulet, elle en a extrait quelques morceaux de choix pour moi — un casse-croûte matinal que j'allais bientôt intégrer à ma routine.

« Les chats savent ce qui est bon pour eux » est une expression que j'entends de temps à autre. « Un chat ne mange que lorsqu'il a faim » en est une autre. Tristement, cher lecteur, ce n'est tout simplement pas vrai ! Même si je ne m'en rendais pas encore compte à cette époque, je venais de m'engager sur la route périlleuse qui conduit à l'affliction.

En haut, à Jokhang, le nombre de visiteurs ne semblait qu'augmenter. Des changements d'horaire de dernière minute et des appels téléphoniques provenant des quatre coins du monde avaient fait en sorte qu'encore plus d'invités faisaient le voyage entre l'aéroport d'Indira Gandhi et McLeod Ganj. Comme toujours, Mme Trinci prenait grand soin d'adapter sa cuisine aux différents visiteurs. Qu'il s'agisse de *krasnye blini* pour les Russes ou de *dulce de leche* pour les Argentins, rien n'était épargné pour épater et régaler les invités de Sa Sainteté.

Mais qui pourrait oublier le sorbet de framboise qu'elle avait un jour prévu pour un médecin indien extrêmement célèbre, un conférencier et un auteur qui nous rendait visite depuis la Californie ? Personne parmi l'entourage du dalaï-lama. Et certainement pas Mme Trinci elle-même.

Ce visiteur était le troisième visiteur de haut rang en une semaine, après que deux incidents à la cuisine avaient poussé à bout la patience limitée de Mme Trinci. Le premier avait trait à une défaillance de la réfrigération pendant la nuit, un événement inexplicable mais néanmoins désastreux d'un point de vue synchronique. La moitié du contenu du réfrigérateur s'était gaspillée, ce qui avait exigé une frénésie de déplacements de dernière minute au marché, dans les épiceries et les magasins spécialisés pour trouver des produits de remplacement. Dire que Mme Trinci était dans un état de dépression nerveuse vers la fin de l'après-midi était à peine exagéré.

Deux jours plus tard, le gaz de la cuisinière avait manqué alors qu'on s'apprêtait à cuire le mets principal. Les réservoirs qui approvisionnaient la cuisine s'étaient taris. Il n'y avait aucune solution de rechange. Des coursiers avaient été dépêchés à la cuisine du monastère de Namgyal pour ramasser tous les cuiseurs électriques disponibles, ce qui avait créé un hiatus qui était, en ce qui concerne le chef principal, impardonnable.

Cela allait-il se produire une troisième fois de suite ? Mme Trinci allait tout faire pour s'assurer du contraire. Cette fois, le gaz avait été vérifié. Le réfrigérateur du personnel, en haut, était temporairement utilisé tandis qu'on en attendait un autre pour la cuisine. Son contenu avait été complètement examiné, vérifié et revérifié. Chaque ingrédient et ustensile dans la cuisine avaient été inspectés comme jamais auparavant. Rien n'allait faire déraper ce dîner.

Et rien n'est arrivé.

Du moins, pas au début. Prenant de l'avance sur son horaire, Mme Trinci avait apporté un gâteau aux courgettes et au chocolat et des boules aux noix et caroube qu'elle avait préparés pendant la nuit pour dessert. Anxieuse, les traits tirés, et tourmentée par l'adage du « jamais deux sans trois », Mme Trinci est arrivée peu après le départ de Sa Sainteté pour un rendez-vous en avant-midi au temple. Elle ne laissait rien au hasard.

La niçoise d'asperges garnissait bientôt les assiettes, le basmati était en toute sécurité déposé dans le cuiseur à riz, et les légumes, déposés sur le gril. Il était temps de commencer les haricots verts à la noix de coco.

Mais en sortant les sacs de haricots du réfrigérateur en haut, Mme Trinci avait découvert qu'ils s'étaient gâtés. D'une certaine façon, en les transférant du réfrigérateur de la cuisine au réfrigérateur du personnel, ils n'avaient pas été correctement inspectés. Tandis que la couche supérieure était intacte, en dessous, plusieurs haricots étaient mous et gluants. Ils ne convenaient tout simplement pas.

Le visage de Mme Trinci était devenu encore plus sombre que les nuages de la mousson qui s'étendent sur la vallée de Kangra. Apostrophant les trois moines qui avaient eu la malchance d'être affectés à la cuisine ce jour-là, elle en envoya deux au marché afin de trouver de nouveaux haricots, puis le troisième au monastère de Namgyal afin de trouver du personnel de secours. Stressée, pestant, ses bracelets en or s'entrechoquant chaque fois qu'elle bougeait les bras, Mme Trinci considérait l'épisode des haricots comme de mauvais augure, le signe annonciateur d'une catastrophe encore pire à venir.

Ce qui était sûrement le cas.

Les deux moines n'étaient toujours pas revenus du marché avec les nouveaux haricots. Le temps filait. Le troisième moine n'avait pas réussi à trouver des remplaçants à Namgyal. Mme Trinci lui hurla de demander parmi ceux qui se trouvaient à l'étage. C'est de cette façon que l'adjoint exécutif de Sa Sainteté, Chogyal, se retrouva dans le rôle peu probable de sous-chef, et ce, tant et aussi longtemps que les besoins de Mme Trinci en ressources humaines ne seraient pas complètement comblés.

Sa première tâche était de sortir les framboises du réfrigérateur du personnel afin de commencer la préparation d'un sorbet aux framboises ayurvédique.

— Il n'y a aucune framboise, rapporta-t-il de retour à la cuisine après quelques minutes.

— Impossible. J'ai vérifié la nuit dernière. Le sac rouge est dans le congélateur, fit Mme Trinci dans un tintement d'ustensiles, demandant à Chogyal de retourner en haut. Le sac rouge. *sacchetto rosso*!

Mais sans grands résultats.

— Ils ne sont pas là du tout, confirma-t-il de nouveau peu de temps après. Aucun sac rouge.

— *Merda !*

Mme Trinci referma bruyamment le tiroir qu'elle venait de rouvrir, générant un cliquetis de couverts, avant de se précipiter à l'étage.

— Surveillez les légumes sur le gril !

Personne dans la cuisine n'aurait pu ignorer son pas lourd dans l'escalier, le staccato de ses talons lorsqu'elle a fait le tour de la cuisine du personnel, ou encore son hurlement d'exaspération lorsqu'elle a accepté la terrible vérité.

— Que s'est-il passé ? demanda-t-elle à son retour.

Le visage cramoisi et les yeux exorbités, elle canalisa la frustration accumulée depuis une semaine sur ce moment particulier, un sabotage si révoltant qu'elle nageait encore dans l'incrédulité.

— Elles y étaient la nuit dernière. Je m'en suis assurée. Maintenant, *nulla, niente* — rien ! Où sont-elles ?

— Je suis désolé, dit Chogyal en secouant la tête, je n'en ai aucune idée.

Son haussement d'épaules détendu ne fit rien pour la calmer.

— Vous travaillez là. Vous *devriez* le savoir.

— La cuisine du personnel…

— Je vous avais donné des instructions précises : on ne devait pas y toucher. Elles ne pouvaient pas être remplacées. Je les ai commandées spécialement de Delhi. Pas comme ça, *stupido* !

Mme Trinci chassa Chogyal du gril, où il brassait les courgettes trop lentement à son goût, et elle lui retira les pinces des mains.

— Je n'ai pas toute la journée !

Elle saisit chaque légume, le renversant et le plaquant sur le gril.

— Que dois-je faire maintenant ? Envoyer les moines de Namgyal chercher des framboises ?

Chogyal décida sagement de rester silencieux.

— Téléphoner à chaque restaurant en ville ? continua-t-elle, la colère n'en finissant plus de monter. Demander à notre invité VIP d'en acheter alors qu'il traverse Delhi ?

Sa tâche terminée au gril, Mme Trinci se tourna vers lui.

— Je vous le demande… fit-elle, brandissant les pinces devant le visage de Chogyal, que suis-je censée faire ?

Chogyal savait que quoi qu'il dise, il aurait tort. Acculé et conciliant, il opta pour une généralité :

— Ne vous faites pas de souci pour le sorbet aux framboises.

— Pas de souci ?!

C'était comme s'il avait jeté du combustible à indice d'octane élevé sur un feu à peine contenu.

— Incroyable ! Chaque fois que j'essaie de faire quelque chose de vraiment spécial, quelque chose qui s'élève de la médiocrité, vous le sabotez.

Le dos contre la porte, Mme Trinci ne pouvait voir ce qui retenait soudainement l'attention de Chogyal. Un souci bien plus grand que les framboises manquantes.

— Mme Trinci..., essaya-t-il d'intervenir.

Mais elle était entièrement portée par une envolée typiquement wagnérienne.

— D'abord, c'est l'électroménager qui n'est pas fiable : le frigo. Ensuite, c'est l'approvisionnement en gaz. Comment pourrais-je faire cuire mes aliments sans four ? Et puis maintenant, *porca miseria*, pauvre misère, il y a des gens qui volent mes ingrédients !

— Mme Trinci, s'il vous plaît ! plaida Chogyal, sourire en coin et sourcils froncés. Vos mots sont durs !

— Ne me dites pas ce que je dois dire !

La Chevauchée des Walkyries n'était rien comparée à l'emportement de Mme Trinci.

— Quelle espèce d'idiot peut manger le seul sac de framboises dans tout Jokhang la veille d'un dîner de VIP ?

Des traces blanches apparaissaient maintenant à la commissure de ses lèvres.

— Quel crétin égoïste, quel imbécile, peut faire une chose pareille ?!

Exhalant sa fureur sur le pauvre Chogyal, elle ne s'attendait pas à une réponse, mais à travers tout ce maelström, une réponse se fit néanmoins entendre.

— C'est moi, dit doucement une voix derrière elle.

Mme Trinci se retourna pour apercevoir le dalaï-lama qui la regardait avec une immense compassion.

— Je suis désolé. Je ne savais pas qu'on ne devait pas y toucher, s'excusa-t-il. Nous devrons faire sans elles. Venez me voir après dîner.

Au milieu de la cuisine, l'excès de sang s'est rapidement retiré du visage de Mme Trinci. Ouvrant la bouche comme un poisson, ses lèvres bougèrent mais aucun bruit n'en sortit.

Joignant ses mains contre son cœur, le dalaï-lama se prosterna légèrement. Puisque Mme Trinci était toujours sous le coup de l'émotion, il se tourna vers Tenzin, qui l'accompagnait.

— Ce… sorbet, qu'est-ce que c'est exactement? demanda-t-il alors qu'il quittait la cuisine en compagnie de Tenzin.

— Un dessert, habituellement, répondit Tenzin.

— Fait à partir de framboises?

— On peut le faire avec une variété d'essences, expliqua Tenzin en poursuivant sa marche. En fait, je pense que Mme Trinci prévoyait s'en servir pour rafraîchir le palais entre deux services.

— Pour rafraîchir le palais? demanda le dalaï-lama avec une pointe d'amusement dans les yeux, réfléchissant au concept. La colère est une chose bien étrange, n'est-ce pas Tenzin?

Plus tard ce jour-là, Mme Trinci se présentait au bureau de Sa Sainteté. Depuis le confort douillet de ma fenêtre, je l'ai vue arriver. Affolée et fondant en larmes, elle se confondait en excuses.

Sa Sainteté a commencé par la rassurer : l'invité n'avait pas tari d'éloges à propos du dîner, particulièrement en ce qui a trait aux boules de noix à la caroube, lesquelles lui avaient rappelé une recette familiale.

Mais Mme Trinci savait que le dalaï-lama ne l'avait pas convoquée pour parler de boules de noix à la caroube. Alors que des larmes s'écoulaient de ses yeux ambrés, noircissant ses joues de mascara, elle a admis sa mauvaise humeur, avoir dit des choses impardonnables, et déversé son fiel sur Chogyal et quiconque était présent à ce moment-là. Pendant qu'elle se tenait là, larmoyante, Sa Sainteté a tenu sa main un long moment avant de dire :

— Vous savez, ma chère, pleurer n'est pas nécessaire.

Portant un mouchoir parfumé à son visage, Mme Trinci était étonnée d'entendre ça.

— C'est bon, très bon, qu'un problème nous mette en colère, poursuivit le dalaï-lama.

— J'ai été à cran toute ma vie, confessa-t-elle.

— Parfois, nous savons que nous devons changer notre comportement. Mais nous avons besoin d'un certain choc pour comprendre que nous devons changer. Dès maintenant.

— *Sì*, acquiesça Mme Trinci en ravalant une autre vague de larmes. Mais comment ?

— Commencez en réfléchissant aux avantages de pratiquer la patience et aux inconvénients de ne pas la pratiquer, l'enjoignit le dalaï-lama. Lorsque quelqu'un est fâché, le premier à souffrir c'est lui. Une personne fâchée n'a l'esprit ni heureux ni paisible.

Mme Trinci le regarda attentivement, les yeux rougis.

— Nous devons également penser à l'impact que nous avons sur les autres. Quand nous disons des choses blessantes, que nous ne pensons pas vraiment, nous pouvons créer des blessures profondes qui ne peuvent être guéries. Pensez à tous ces fossés qui existent entre amis et membres d'une même famille, aux divisions qui ont conduit à une rupture, tout ça en raison d'un simple accès de rage.

— Je sais ! pleura Mme Trinci.

— Ensuite, nous nous demandons d'où vient cette colère. Si la cause réelle de la colère est le réfrigérateur, le gaz ou l'absence de framboises, alors pourquoi n'y a-t-il que nous que ça enrage ? Vous voyez, la colère ne vient pas de là. Elle vient de notre esprit. Et c'est une bonne chose parce que nous ne pouvons tout diriger autour de nous, mais nous pouvons apprendre à diriger notre propre esprit.

— Mais j'ai toujours été une personne colérique, admit Mme Trinci.

— Êtes-vous fâchée en ce moment ? demanda Sa Sainteté.

— Non.

— Qu'est-ce que cela vous dit quant à la nature d'un esprit colérique ?

Pendant un long moment, Mme Trinci regarda le toit du temple à travers la fenêtre, là où le soleil de fin d'après-midi avait jeté sa lumière dorée sur la roue du dharma et le daim en forme de statue.

— Je suppose que ça vient et que ça repart.

— Exactement. Ce n'est pas permanent. Ce n'est pas une partie de vous. Vous ne pouvez pas dire « J'ai toujours été une personne colérique ». Votre colère monte, s'exprime, puis repart, comme n'importe quoi d'autre. Vous pouvez l'éprouver davantage que d'autres. Et chaque fois que vous lui donnez une emprise, vous nourrissez l'habitude et augmentez les chances qu'elle se représente à nouveau. Au lieu de cela, ne serait-il pas mieux de contrer son pouvoir ?

— Naturellement. Mais je ne peux pas m'arrêter. Je ne me prédispose pas à être fâchée. Cela se produit, c'est tout.

— Dites-moi, y a-t-il des endroits, des situations, où vous êtes plus susceptible de vous fâcher qu'en d'autres circonstances ?

— La cuisine, dit-elle instantanément en pointant vers le bas des escaliers.

— Très bien, fit le dalaï-lama, en tapant des mains avec un sourire. Dorénavant, la cuisine de Jokhang n'est plus un endroit ordinaire pour vous ; elle abrite un trésor.

Pensez-y, continua Sa Sainteté, comme à un endroit où vous trouverez beaucoup d'occasions précieuses que vous ne pourrez trouver nulle part ailleurs.

— *Non capisco.* Je ne comprends pas, fit Mme Trinci en secouant la tête.

— Vous convenez que la colère que vous éprouvez vient, en partie du moins, de l'intérieur. N'est-ce pas ?

— *Sì.*

— Et qu'il serait très salutaire pour vous, et pour les gens qui vous entourent, de vous en défaire graduellement ?

— *Sì.*

— Pour que cela arrive, vous avez besoin d'occasions afin de pratiquer la force opposée, qui est la patience. De telles occasions ne vous seront pas souvent offertes par vos amis. Mais vous trouverez bien des occasions ici, à Jokhang.

— *Sì, sì!* sourit-elle tristement.

— C'est pourquoi vous pourrez l'appeler « pièce au trésor ». Vous aurez beaucoup d'occasions pour y cultiver la patience et maîtriser votre colère. Il y a un mot pour décrire cette façon de penser.

Le front de Sa Sainteté se plissait pour témoigner de ses efforts de concentration.

— La *reformulation.* Oui, c'est comme ça que nous l'appelons.

— Et si… j'échoue ? demanda-t-elle d'une voix chancelante.

— Vous continuez d'essayer. Il n'y a aucun résultat immédiat pour qui veut corriger une habitude de longue date. Mais étape par étape, vous progresserez très certainement si vous y voyez un avantage.

Le dalaï-lama regarda son expression soucieuse pendant un moment, avant de dire :

— Cela aide si votre esprit est calme. Pour ça, la méditation est ce qu'il y a de plus utile.

— Mais je ne suis pas bouddhiste.

— La méditation n'appartient pas aux bouddhistes, poursuivit le dalaï-lama en riant. Les gens de toute tradition méditent, et même ceux qui n'en ont pas en profitent aussi. Vous êtes catholique, l'ordre bénédictin a de bons enseignements sur la méditation. Peut-être pourriez-vous essayer ?

L'entretien avec Mme Trinci étant sur le point de se terminer, ils se levèrent.

— Un jour, dit Sa Sainteté, prenant sa main et la regardant au fond des yeux, peut-être considérerez-vous cet épisode comme un tournant dans votre vie.

Préférant ne rien dire, de peur de commettre une bourde, Mme Trinci hocha la tête tandis qu'elle essuyait ses yeux avec un mouchoir.

— Quand notre compréhension de quelque chose s'approfondit au point où elle change notre comportement, dans le Dharma, nous appelons cela une *prise de conscience.* Peut-être avez-vous eu une prise de conscience aujourd'hui ?

— *Sì, sì,* Votre Sainteté, dit-elle avec émotion, c'est sûrement le cas.

— Rappelez-vous les paroles de Bouddha : « Bien qu'un homme puisse conquérir 1000 hommes un millier de fois dans une bataille, celui qui se conquiert lui-même est le plus grand des guerriers. »

Ma propre prise de conscience ne s'est produite que quelques semaines plus tard.

J'aurais dû tenir compte du premier avertissement — une remarque qu'un jour Tenzin a faite à Chogyal, alors que je flânais dans son bureau.

— CDSS s'arrondit, dit-il.

C'était typique de Tenzin, une observation si métaphorique que je n'avais qu'une vague idée de ce que cela signifiait vraiment, si bien que je ne m'en suis pas offusquée.

Aucune formation diplomatique n'était nécessaire quand je suis revenue à la cuisine de Jokhang la semaine suivante pour un souper de courtoisie.

Une atmosphère inhabituelle de sérénité avait imprégné la cuisine à chacune des visites de Mme Trinci depuis la crise du sorbet aux framboises. Non seulement le calme avait-il régné tout l'après-midi, mais Mme Trinci avait même apporté un lecteur de CD d'où s'élevait le céleste sanctus du requiem de Fauré.

En entrant dans la cuisine, je l'ai saluée d'un miaulement amical. Je n'ai pas sauté sur le comptoir pour la bonne et simple raison que je savais que je n'y arriverais pas. Je me suis donc contentée de le regarder.

Attentive comme toujours, Mme Trinci m'a prise dans ses bras.

— Oh, pauvre petit *dolce mio*, tu n'arrives plus à sauter ! s'exclama-t-elle en me bécotant allègrement. C'est parce que tu as pris trop de poids.

J'ai *quoi*?

— Tu manges trop.

Elle n'était pas sérieuse ! Était-ce une façon de s'adresser à la plus belle créature qui ait jamais existé ? À Tesorino ? À Cara Mia ?

— Tu es devenue une vraie Miss Piggy.

Je pouvais à peine croire ce que j'entendais. L'idée même était absurde.

Une Miss Piggy ? *Moi*?!

J'aurais mordu à pleines dents dans cet endroit tendre entre le pouce et l'index, si ce n'était de ce succulent jarret d'agneau en sauce qu'elle avait placé devant moi. Lapant la sauce piquante, j'ai été immédiatement absorbée par sa savoureuse viscosité. Les remarques cruelles et bizarres de Mme Trinci étaient complètement sorties de ma tête.

Il m'a fallu une humiliation encore plus grande pour que j'affronte mon problème « d'expansion ». Rentrant à la maison après une visite matinale au temple en compagnie de Sa Sainteté, j'ai commencé à gravir les escaliers en direction de nos appartements privés. En raison de la fragilité de mes jambes arrière, j'ai dû en faire l'ascension à une certaine vitesse. Mais depuis quelques semaines, il devenait de plus en plus difficile de rassembler la vélocité requise.

Ce matin-là, pour une raison ou une autre, le défi était trop grand.

En montant les premières marches, je pouvais sentir que mon énergie habituelle faiblissait. J'ai gravi la deuxième et la troisième marche, mais au lieu d'accélérer, quelque chose semblait me retenir. Je n'arrivais tout simplement pas à prendre mon élan habituel.

Au moment critique, quand j'étais sur le point d'atteindre le point médian, plutôt que de bondir par-dessus les dernières marches et d'atterrir en haut des escaliers, je me suis retrouvée entre ciel et terre, les pattes battant désespérément l'air pour entrer en contact avec quelque chose. Dans un mouvement aussi lent que surréel, j'ai dégringolé vers l'arrière, puis sur le côté. J'ai atterri lourdement, à moitié sur une marche, à moitié sur celle d'en dessous. Puis, vacillant sur le côté et glissant jusqu'en bas de l'escalier, j'ai effectué une descente terrifiante et honteuse, pour atterrir aux pieds de Sa Sainteté.

En moins de deux, le dalaï-lama me transportait jusqu'à notre bureau. Le vétérinaire était appelé en renfort. Le bureau de Sa Sainteté était recouvert d'une serviette, et je subissais un examen complet. Le Dr Guy Wilkinson n'a pas mis longtemps à s'apercevoir que je m'en étais sortie indemne, et qu'à tous égards j'incarnais le modèle même du chat en parfaite santé... à l'exception de ce domaine particulier où ma santé était sérieusement à risque : j'avais un excédent de poids.

Le vétérinaire a voulu savoir quelle était la quantité de nourriture qu'on m'offrait chaque jour.

C'était une question à laquelle aucun membre du personnel de Sa Sainteté ne pouvait entièrement répondre, et certainement pas une à laquelle je me donnerais la peine de répondre directement. Déjà assez humiliée par ma dégringolade, je n'avais aucune envie de m'humilier davantage en lui révélant la pleine ampleur de mon appétit démesuré.

Mais la vérité était sortie.

Tenzin avait fait quelques appels téléphoniques aux personnes concernées, et avant la fin de la journée, il rapportait au dalaï-lama qu'en plus des deux repas par jour qu'on me servait à Jokhang, j'en mangeais trois ailleurs.

On s'est rapidement mis d'accord sur un nouveau régime. Mme Trinci et le Café Franc ont eu pour instruction de me servir uniquement des demi-portions. Je ne devais plus recevoir aucune nourriture de la part de Mme Patel. En quelques heures, mon régime quotidien avait subi un changement aussi radical que permanent.

Comment me sentais-je par rapport à tout ça? M'aurait-on questionnée sur mes habitudes alimentaires, j'aurais admis qu'elles devaient être meilleures. J'aurais aisément convenu que cinq repas par jour étaient une quantité excessive pour un petit

— mais pas si petit — chat. Je savais depuis le début que je devais réduire ma consommation de nourriture. Mais jusqu'au jour de ma dégringolade, je n'en avais eu qu'une compréhension intellectuelle. Ce n'est qu'alors que ma compréhension s'est changée en *prise de conscience* et que j'allais changer mon comportement.

Ma vie post-chute n'allait plus jamais être la même.

Cette nuit-là, dans l'obscurité confortable du lit, j'ai senti la main du dalaï-lama sur moi. Tout ce dont j'avais besoin, c'était de son contact, et voilà que je ronronnais avec satisfaction.

— Ça a été une dure journée pour toi, petite lionne des neiges, chuchota-t-il. Mais les choses seront meilleures à partir de maintenant. Lorsque nous constatons le problème par nous-mêmes, le changement devient beaucoup plus facile.

Et ce fut le cas. Après le choc initial des plus petites portions et de l'absence de repas devant le Cut Price Bazaar, ce n'était plus qu'une question de jours avant que je ne commence à me sortir de ma léthargie. Et après quelques semaines, il y avait un nouveau pep à ma démarche hésitante.

Bientôt, je pouvais de nouveau sauter sur le banc dans la cuisine. Et je n'ai plus jamais déboulé les escaliers de nos appartements à Jokhang.

Un vendredi matin, une boîte rectangulaire de polystyrène adressée à Mme Trinci est arrivée par messager à Jokhang. On l'a directement amenée à la cuisine, où Mme Trinci préparait un repas pour le premier ministre indien, accompagnée d'un air d'Andrea Bocelli. Étonnée par cette livraison inattendue, elle s'est adressée au sous-chef du moment :

— Peux-tu m'apporter un couteau pour ouvrir ça, trésor ?

C'était le terme qu'elle utilisait maintenant régulièrement, mais, pour quelque raison, seulement en serrant les dents. Tandis que ses manières expansives étaient plus ou moins comme elles l'avaient toujours été, sa colère surgissait maintenant davantage sous forme d'éclairs d'irritation que d'éruptions volcaniques.

Et d'une curieuse façon, il semblait qu'elle était déjà récompensée pour sa retenue. Récemment, elle avait eu des nouvelles de sa fille, Serena, qui avait reçu une formation en tant que chef en Italie, avant de passer plusieurs années en Europe à travailler pour le compte de plusieurs restaurants encensés par le guide Michelin. Mme Trinci était plus que ravie d'apprendre que Serena voulait prendre congé de l'Europe pendant un certain temps. D'ici quelques semaines, elle serait de retour à McLeod Ganj.

Couteau à la main, Mme Trinci découpa la bande d'emballage et le revêtement de protection qui recouvraient la mystérieuse livraison, ouvrant le paquet pour découvrir un récipient en plastique givré qui contenait un liquide rouge vif — et une enveloppe adressée à son nom.

Chère Mme Trinci, disait la note. *Mes sincères remerciements pour le succulent repas ayurvédique que j'ai récemment pu apprécier en compagnie de Sa Sainteté. J'ai été désolé d'entendre que vous n'avez pas pu préparer le sorbet aux framboises que vous aviez prévu. J'espère donc que vous apprécierez ce petit présent, fait selon une recette ayurvédique très populaire. Puisse-t-il vous donner, à vous et à vos invités, une bonne santé et beaucoup de bonheur.*

— *Mamma mia!* s'exclama Mme Trinci en fixant la lettre. Stupéfiant! Quelle générosité!

Quelques instants plus tard, elle ouvrait le couvercle et goûtait le contenu du pot.

— Exquis! prononça-t-elle les yeux fermés pendant qu'elle faisait tourner le mélange dans sa bouche. Nettement meilleur que si je l'avais fait moi-même.

Elle examina le récipient pour voir combien il en restait.

— Et ce sera parfait pour rafraîchir le palais aujourd'hui.

Plus tard, j'ai entendu Tenzin et Chogyal commenter le dîner de la journée. Le grand accord politique dont il avait été question s'était accompagné, sans demi-mesure, d'une nourriture sublime. Le premier ministre, qui ne pouvait croire que la cuisinière de Sa Sainteté n'était pas indienne, l'avait appelée à l'étage pour lui offrir ses félicitations. Apparemment, il avait été littéralement enchanté par le sorbet aux framboises.

— N'est-il pas intéressant de voir comment les choses s'arrangent? fit remarquer Tenzin à Chogyal.

Mme Trinci est tellement plus calme et sereine ces jours-ci.

— Ça ne fait aucun doute! consentit sincèrement Chogyal.

— Et de toutes les occasions où elle aurait pu le servir, c'est aujourd'hui que le sorbet aux framboises devait s'avérer un coup de maître.

— En effet.

CHAPITRE 9

— Elle fait *quoi*?

La voix de Tenzin semblait tendue pendant qu'il parlait au téléphone. De là où je somnolais, sur le classeur derrière lui, j'ai soulevé la tête. Ce n'était pas typique de Tenzin, le diplomate parfait, de réagir avec tant de vigueur.

À l'autre bout du bureau, je voyais la surprise se dessiner sur le visage de Chogyal.

— Oui, naturellement.

Tenzin prit la photographie qui traînait sur son bureau, enchâssée dans un cadre argenté. Elle montrait une jeune femme vêtue d'une robe noire et jouant du violon devant un orchestre. Son épouse, Susan, était une musicienne fort accomplie quand ils s'étaient rencontrés, il y avait des années, à l'université d'Oxford. C'était avant que Tenzin accepte d'être conseiller permanent de Sa Sainteté en matière de diplomatie — et bien avant l'arrivée de leur fils, Peter, et de leur fille, Lauren. Celle-ci avait 14 ans, un âge, avait déjà confié Tenzin à Chogyal, conçu pour mettre à l'épreuve la patience des parents. J'en ai déduit que l'appel téléphonique devait être à son sujet.

— Nous en discuterons plus tard, dit Tenzin en raccrochant.

Comme c'est souvent le cas, Tenzin vivait un moment difficile. En plus de toutes ses responsabilités pressantes habituelles, il prévoyait également de relocaliser les archives de Sa Sainteté dans la semaine qui suivait.

Plus de 60 ans de documents importants s'étaient accumulés dans la pièce adjacente, et tandis que beaucoup de matériel avait été numérisé et archivé électroniquement, il restait beaucoup d'accords diplomatiques importants, de rapports financiers, de licences et autres documents qui demandaient à être conservés. Tenzin avait réservé une pièce sûre dans le monastère de Namgyal afin de recevoir la plupart de ces documents, et avait méticuleusement prévu que les archives soient transférées sur trois jours consécutifs — journées pendant lesquelles Sa Sainteté n'allait exceptionnellement recevoir aucun visiteur. De cette façon, la tâche connaîtrait un minimum d'interruptions.

Dans la plupart des organismes, les travaux de ce genre tombent dans la catégorie « longueur administrative ». Mais à Jokhang, il y a souvent une qualité inattendue dans la façon dont la tâche la plus routinière est entreprise, comme si l'activité la plus banale ne saurait se réduire aux apparences.

Relocaliser les archives de Sa Sainteté tenait d'un tel exemple. Tenzin avait élaboré son plan autour d'une tasse de thé pendant l'une de ses réunions avec le dalaï-lama. Sa Sainteté avait donné son approbation et, à la grande surprise de Tenzin, elle avait indiqué qu'elle choisirait personnellement les moines qui devaient procéder au transfert.

Le matin suivant, Sa Sainteté est revenue de sa première séance au temple avec deux jeunes moines, gaillards et en bonne santé, pour recevoir les directives de Tenzin. Se trouvaient également avec eux deux novices aux yeux écarquillés, les frères Tashi et Sashi, pas même encore à l'âge de l'adolescence et qui, chaque fois que Sa Sainteté regardait en leur direction, se prosternaient avec zèle.

— Nous avons nos volontaires pour la relocalisation, dit le dalaï-lama en faisant un geste vers les deux jeunes hommes. Ainsi que deux aides pour prendre soin de CDSS.

Si Tenzin était le moindrement étonné par tant de sollicitude, il n'en laissa rien paraître. En effet, quel plan de relocalisation des archives ne comptait pas de gestion féline parmi ses grandes lignes ? Il était évident que le déplacement des dossiers à travers le bureau des adjoints allait perturber mon inactivité habituelle. Ma plate-forme d'observation devrait être déplacée afin de libérer le chemin. C'est pourquoi on avait décidé que pour les trois matins en question, j'allais être transportée dans le salon des visiteurs, tout juste à côté. Une chambre spacieuse et remplie de lumière, avec des fauteuils et des tables basses, une sélection des quotidiens, et un meuble en coin équipé d'un ordinateur. C'était là que les gens attendaient habituellement pour leur audience avec Sa Sainteté.

Le dalaï-lama expliqua personnellement à Tashi et à Sashi ce qu'il attendait d'eux. Je devais être transportée très doucement dans le salon des visiteurs et être déposée sur un rebord de fenêtre en coin sur lequel allait être placée une couverture en polaire pliée exprès pour l'occasion. Deux bols, l'un contenant de l'eau et l'autre des biscuits, devaient être gardés propres et bien remplis. Si je voulais aller en bas, je devrais être accompagnée pour être certain qu'on ne me marche pas dessus. Pendant que je dormais, les novices devraient méditer près de moi, m'exposant ainsi au mantra « Om Mani Padme Hum ».

— Par-dessus tout, dit le dalaï-lama sur un ton ferme, vous devez la traiter comme s'il s'agissait de votre lama préféré.

— Mais *vous* êtes notre lama préféré ! s'exclama l'impétueux Sashi, le plus jeune des novices, en portant ses mains à son cœur.

— Dans ce cas, fit Sa Sainteté en souriant, traitez-la comme si elle était le dalaï-lama.

Et c'est exactement ce qu'ils ont fait, avec une sorte de vénération sérieuse que je ne reçois habituellement qu'au Café Franc. Après le premier matin, retournant au bureau des adjoints, j'ai trouvé mon classeur qui longeait un des murs de la pièce. Comme la plupart des chats, je n'aime rien de plus qu'une scène familière avec un léger changement d'orientation. Immédiatement, j'ai sauté sur le classeur pour pouvoir regarder la pièce sous une nouvelle perspective.

J'avais depuis oublié le ton élevé de Tenzin alors qu'il parlait au téléphone une semaine auparavant, mais cet après-midi-là, au moment où il mettait un terme à une conversation avec son épouse, il était clair que quelque chose le préoccupait.

Chogyal regarda en sa direction, les yeux interrogateurs.

— C'est Lauren, confirma-t-il. La semaine dernière, Susan est entrée dans sa chambre et l'a trouvée assise sur son lit, le regard furtif et cachant quelque chose derrière son dos. Elle a dit que tout allait très bien. Mais Susan savait qu'elle ne disait pas la vérité.

Depuis un certain temps, Lauren se comporte de façon étrange. Elle se fatigue facilement et paraît anémique. Elle n'est plus la même. Un matin, Susan a passé l'aspirateur dans sa chambre et a trouvé des pierres sous son lit de différentes tailles. Susan ne comprenait pas : pourquoi Lauren lui avait-elle caché des cailloux ?

Quand Susan l'a interrogée à ce propos, Lauren a éclaté en larmes. Ça lui a pris un moment avant de déballer son sac parce qu'elle était embarrassée ; elle avait mangé des cailloux.

— D'où venaient-elles ? demanda Chogyal étonné.

— Une étrange et inexplicable pulsion la poussait à aller dans le jardin pour trouver un caillou et se mettre à le mâcher.

— Pauvre fille !

— Susan l'a amenée voir un médecin. Apparemment, ce qu'elle avait était peu commun, mais nullement inconnu. Les adolescentes ont parfois des rages de craie, de savon et d'autres choses en raison de carences nutritionnelles. Dans son cas, c'était un manque de fer.

— Oh ! dit Chogyal qui ne manquait pas de perspicacité. Elle est végétarienne ?

— Comme sa mère, fit Tenzin en acquiesçant.

— Peuvent-ils lui donner des suppléments de fer ?

— À court terme, oui. Mais sur une base régulière, le médecin a dit que le fer devait provenir de son régime quotidien. Il lui a proposé de la viande maigre, idéalement du bœuf. Mais elle n'a pas voulu.

— Par principe ?

— Elle a dit : « Je ne veux pas être responsable de la mort d'animaux ! Pourquoi ne pourrais-je pas simplement prendre des compléments de fer ? » Susan et moi sommes très inquiets.

— Difficile de persuader une adolescente.

— Les enfants de cet âge n'écoutent pas leurs parents, dit Tenzin en secouant la tête. Je cherche une solution alternative.

J'ai découvert ce en quoi consistait cette solution deux jours plus tard. C'était le troisième et dernier jour de la relocalisation des archives. Je somnolais dans le salon des visiteurs, les deux moines novices chantant doucement des mantras près de moi, quand Tenzin est arrivé avec Lauren derrière, traînant son sac d'école avec elle. Les cours étaient terminés pour la journée, et parce que sa mère avait dû sortir, elle était venue à Jokhang pour faire ses devoirs. Ce scénario particulier se produisait quelques fois au cours d'une année. Habituellement, elle s'asseyait dans le bureau avec Tenzin et Chogyal, mais en raison du bouleversement général, Tenzin l'avait installée au bureau dans le salon des visiteurs.

C'était, à tout le moins, l'histoire telle qu'elle se présentait en surface.

Sortant ses livres, Lauren a commencé à travailler sur son devoir d'anglais. Elle était absorbée dans son exercice de compréhension, son visage rempli de satisfaction, quand une demi-heure plus tard, la porte donnant sur la suite du dalaï-lama s'est ouverte et qu'il est apparu.

— Lauren ! ça me fait plaisir de te voir ! dit-il en plaçant ses paumes sur son cœur et se prosternant devant elle.

Elle s'est levée de sa chaise et s'est aussitôt prosternée, avant de lui donner une timide accolade. Sa Sainteté la connaissait depuis qu'elle était née, et il y avait une véritable complicité entre eux.

— Comment vas-tu, ma chère ?

La plupart d'entre nous donnent une réponse polie et préfabriquée à cette question. Mais peut-être parce que le dalaï-lama lui demandait, ou peut-être en raison de la manière dont il l'a fait se sentir à ce moment précis, au lieu de la réponse habituelle, elle a dit :

— J'ai une carence en fer, Votre Sainteté.

— Oh ! je suis vraiment désolé, dit-il prenant sa main et l'invitant à s'asseoir près de lui. Un médecin te l'a confirmé ?

Elle hocha la tête.

— Ça peut être traité ?

— C'est ça le problème, fit-elle les yeux remplis de larmes. Il dit que je dois manger de la viande.

— Oh, oui. Tu es végétarienne, confirma-t-il en tapotant sa main en signe de réconfort. Manger tout le temps végétarien, c'est l'idéal.

— Je sais, convint-elle, malheureuse.

— Si, par compassion, on peut s'abstenir complètement de manger la chair des êtres vivants, c'est ce qu'il y a de mieux. Par conséquent, ceux qui sont en mesure de le faire devraient considérer cette possibilité. Mais si, pour des raisons médicales, tu ne peux manger végétarien que la *plupart* du temps, alors peut-être qu'il te faut envisager cette solution.

— La plupart du temps ?

Le dalaï-lama opina du chef.

— Les médecins m'ont également dit que je devais parfois manger de la viande, pour des raisons nutritionnelles.

— Je ne le savais pas.

Elle le scrutait maintenant de très près.

— Oui, poursuivit le dalaï-lama, j'ai décidé que même si je ne peux pas être végétarien tout le temps, je suivrais un régime végétarien autant que possible, mais modérément. Végétarien ou non-végétarien, cela n'a pas besoin d'être tout noir ou tout blanc. Nous pouvons trouver une position de compromis. Manger parfois de la viande pour des raisons nutritionnelles, mais tout le temps ? Pas nécessaire. Mon souhait le plus cher est que chacun puisse envisager de faire la même chose.

Il semblait que Lauren n'avait même jamais considéré cette possibilité.

— Mais qu'arrive-t-il si vous ne voulez pas que des animaux soient tués juste pour que vous puissiez manger ? demanda-t-elle.

— Lauren, tu as bon cœur ! Mais une telle chose n'est pas possible.

— Elle l'est pour les végétariens.

— Non, dit Sa Sainteté en secouant la tête. Pas même pour eux.

Lauren plissa le front.

— Des êtres conscients sont tués même pour un régime végétarien. Quand la terre est défrichée pour faire place aux cultures, l'habitat naturel est détruit, et beaucoup de petits êtres sont anéantis. Alors des cultures sont semées, puis des pesticides sont pulvérisés, ce qui tue des milliers d'insectes. Tu vois, c'est très difficile de ne pas faire de mal à d'autres êtres, particulièrement en ce qui a trait à la nourriture.

Pour Lauren, qui pensait qu'être végétarien signifiait de ne tuer aucun être vivant, c'était une révélation difficile. Sa certitude était ébranlée.

— Le médecin dit que je devrais manger de la viande maigre, comme le bœuf. Mais au niveau de la compassion, si on doit manger la chair d'un animal, ne vaudrait-il pas mieux manger du poisson ?

— Je comprends ce que tu dis, répondit Sa Sainteté en hochant la tête. Mais il y a certaines personnes pour qui manger du bœuf serait mieux parce qu'un seul bœuf peut fournir plus de 1 000 repas. Un poisson, seulement un repas. Parfois, cela prend beaucoup de petites crevettes, beaucoup d'êtres conscients, pour un seul repas.

— Je n'avais jamais pensé que c'était si compliqué, dit Lauren en regardant longuement le dalaï-lama.

— C'est un très vaste sujet, admit-il. Tu découvriras que certaines personnes prétendent qu'il n'y a qu'une façon de penser, la leur, et que tous les autres devraient changer leurs opinions en conséquence. Mais c'est vraiment une question de choix personnel. Le plus important est de nous assurer que nos décisions sont motivées par la compassion et la sagesse.

Elle fit un signe de tête avec gravité.

— Avant tout repas, qu'il soit végétarien ou non, on devrait toujours se rappeler les êtres qui sont morts afin de nous nourrir. Leurs vies étaient aussi importantes pour eux que la nôtre l'est pour nous. Pense à eux avec gratitude et prie pour que ce sacrifice leur permette de renaître dans un royaume supérieur. Mais également que ce sacrifice te permette de rester en bonne santé, afin que tu puisses atteindre le plein éveil rapidement, et que ces animaux puissent aussi accéder au même état.

— Oui, Votre Sainteté, dit Lauren, en s'appuyant contre lui.

Pendant un instant, toute la pièce fut inondée d'une lueur réconfortante. Dans le coin, près de là où je somnolais, les deux moines novices, qui avaient écouté la conversation, continuaient de murmurer leurs mantras.

Sa Sainteté se leva du sofa et se dirigea vers le salon des visiteurs :

— Autant que possible, il est utile de penser à tous les êtres pour ce qu'ils sont : des êtres comme nous. Chaque être vivant ne cherche que son bonheur. Chaque être veut éviter toute forme de souffrance. Ils ne sont pas que des choses ou des objets à utiliser à notre avantage. Mahatma Gandhi a déjà dit : « La grandeur d'une nation et de son progrès moral peut se mesurer dans la façon dont elle traite ses animaux. » Intéressant, n'est-ce pas ?

Plus tard cet après-midi-là, j'étais avec le dalaï-lama, occupant ma place habituelle sur le rebord de fenêtre. On frappa discrètement à la porte, puis les deux novices firent leur apparition.

— Vous vouliez nous voir, Votre Sainteté ? demanda Tashi, l'aîné, de façon quelque peu nerveuse.

— Oui, oui.

Le dalaï-lama ouvrit un des tiroirs de son bureau et en sortit deux *mâlâs* en bois de santal, autrement appelés chapelets bouddhiques ou hindous.

— C'est un petit cadeau pour vous remercier d'avoir veillé sur CDSS, dit-il.

Les deux jeunes hommes acceptèrent chacun un mâlâ, puis se prosternèrent solennellement.

Sa Sainteté prononça quelques mots au sujet de l'importance de la pleine conscience pendant la méditation, puis elle leur sourit de façon bienveillante.

La brève audience venait de se terminer, mais les deux novices demeuraient en place, échangeant des regards nerveux.

Ce n'est que lorsque le dalaï-lama dit « Vous pouvez disposer » que Tashi demanda, d'une voix sifflante :

— Puis-je vous poser une question, Votre Sainteté ?

— Naturellement, répondit le dalaï-lama, une lueur dans les yeux.

— Nous avons entendu ce que vous avez dit plus tôt au sujet des êtres vivants. Qu'ils ne sont pas simplement des objets à utiliser.

— Oui, oui.

— Nous avons une confession à vous faire. Nous avons fait une chose terrible.

— Oui, Votre Sainteté, fit valoir Sashi, mais c'était avant que nous soyons devenus novices.

— Notre famille à Delhi était très pauvre, commença à expliquer Tashi. Une fois, nous avons trouvé quatre chatons dans une ruelle et nous les avons vendus pour 60 roupies…

— …et deux dollars américains, ajouta Sashi.

— Sans poser de questions, dit Tashi.

— Peut-être qu'on les a achetés que pour leur fourrure, osa Sashi.

De mon rebord de fenêtre, j'ai soudain levé les yeux. Je n'en croyais pas mes oreilles. Ces deux novices pouvaient-ils vraiment être les mêmes petits démons sans scrupules qui m'avaient cruellement soustraite à la douce sécurité de ma maison familiale ? Qui nous avaient brutalement arrachés, ma fratrie et moi, à notre mère avant même que nous ayons été correctement sevrés ? Qui nous avaient traités comme une vulgaire marchandise ? Comment est-ce que je pourrais oublier la façon dont ils m'ont humiliée, me poussant dans une mare de boue, ou comment, pour s'être trouvés dans l'incapacité de me vendre, ils ont froidement prévu de m'anéantir ?

En plus d'être sous le choc, le ressentiment montait à l'intérieur de moi.

Puis il m'est venu à l'esprit que sans eux, je serais probablement morte à l'heure qu'il est, ou bien je serais condamnée à la dure vie des taudis de Delhi. Au lieu de cela, j'étais ici ; la lionne des neiges de Jokhang.

— Oui, continua Tashi. Notre dernier chaton était petit et sale et il pouvait à peine marcher.

— Nous allions le jeter, ajouta Sashi.

— J'étais en train de l'envelopper dans du papier journal, intervint Tashi. Il était presque mort.

— Puis, poursuivit Sashi, ce riche officiel nous a donné deux dollars pour le chaton. Juste comme ça.

Le frisson du moment était encore bien gravé dans sa mémoire. Et dans la mienne aussi.

Mais leurs sentiments au sujet de l'événement avaient subi une métamorphose.

— Nous comprenons que nous avons fait une mauvaise chose.

Les deux garçons semblaient rongés par le remords.

— Nous avons utilisé de petits chatons pour notre seul bénéfice.

— Je vois, fit Sa Sainteté.

— Le plus jeune chaton tout particulièrement, continua Tashi. Il était si faible…

— Nous avons reçu tout cet argent, mais le chaton est probablement mort, poursuivit Sashi en secouant la tête.

Les frères regardèrent Sa Sainteté nerveusement, s'attendant à ce que leur égoïsme soit sévèrement condamné. Mais il n'y eut pas de condamnation.

Au lieu, le dalaï-lama leur dit avec sérieux :

— Dans le Dharma, il n'y a pas de place pour la culpabilité. La culpabilité est inutile. Il n'est pas justifié de se sentir mal au sujet de quelque chose qui appartient au passé et que nous ne pouvons pas changer. Mais éprouver du regret ? Oui. C'est plus utile. Regrettez-vous tous les deux sincèrement ce que vous avez fait ?

— Oui, Votre Sainteté, firent-ils en cœur.

— Vous vous engagez à ne plus jamais porter préjudice à un être vivant de cette façon ?

— Oui, Votre Sainteté !

— Quand vous pratiquez la compassion en méditant, pensez à ces petits chatons et aux innombrables petits êtres faibles et vulnérables qui ont besoin de votre protection et de votre amour.

Le visage de Sa Sainteté s'éclaira.

— Quant à ce chaton très faible que vous croyez peut-être mort, préparez-vous à voir qu'il s'est transformé en un être magnifique.

Sa Sainteté fit un geste en ma direction, sur le rebord de fenêtre.

Lorsqu'ils se retournèrent pour me regarder, Tashi s'exclama :

— Le chat de Sa Sainteté ?

— C'est un membre de mon personnel qui vous a donné les deux dollars. Nous rentions tout juste des États-Unis, et il n'avait pas de roupies sur lui.

S'approchant de moi, ils caressèrent l'arrière de ma tête, ainsi que mon dos.

— C'est une chance que nous puissions maintenant tous jouir d'une si belle demeure ici, au monastère de Namgyal, dit Sa Sainteté.

— Oui, convint Sashi. Mais quel étrange karma que nous ayons passé les trois derniers jours à veiller sur un chat que nous avions autrefois vendu.

Peut-être cette partie n'était-elle pas si étrange. On dit que le dalaï-lama est clairvoyant. J'imagine que la raison pour laquelle il avait choisi les deux novices pour exécuter cette tâche avait précisément à voir avec leurs actions passées. Il leur avait donné l'occasion de se racheter.

— Oui, le karma nous propulse vers toutes sortes de situations inattendues, indiqua Sa Sainteté. Une autre raison pour laquelle nous devrions nous comporter avec amour et compassion envers tous les êtres vivants. Nous ne savons jamais dans quelles circonstances nous les rencontrerons de nouveau. Parfois même dans cette vie-ci.

CHAPITRE 10

Vous êtes-vous déjà trouvé paralysé par l'indécision, cher lecteur ? Retrouvé dans une situation où si, d'une part, vous faites ceci ou cela, un certain résultat pourrait se produire, mais si, d'autre part, vous faites quelque chose de différent, un autre scénario, encore meilleur, pourrait se produire — seulement les chances d'y arriver sont moins bonnes, alors il serait probablement préférable de vous en tenir à votre première option ?

Vous pensiez peut-être que nous, les chats, nous ne sommes jamais aux prises avec une telle complexité cognitive. Peut-être pensiez-vous que l'homo sapiens a été le seul à être affecté par le poids de l'existence.

À vrai dire, rien ne peut être aussi loin de la vérité. Le *felis catus* — le chat domestique — n'a peut-être pas à planifier une carrière, à mener à bien une entreprise commerciale ou à s'occuper de toute autre sphère d'activité qui font des humains des êtres si désespérément occupés. Mais il y a un secteur d'activité où nous sommes incroyablement semblables.

Je parle naturellement des choses du cœur.

Les êtres humains peuvent désespérément attendre un texto, un courriel ou un appel téléphonique en particulier. Nous, les chats, avons des moyens de communication différents. La forme est sans importance. Tout ce qui importe, c'est la confirmation que nous recherchons si ardemment.

C'est la situation dans laquelle je me trouvais face à mon ami tigré. Mon attirance a été instantanée, au moment où je l'ai aperçu sous la lumière verte. En fait, quand nous nous sommes rencontrés, durant mon séjour chez Chogyal, je crois que nous avons manifestement eu des *frissons* mutuels. Mais maintenant que je ne demeurais plus chez Chogyal, savait-il où j'habitais ? Devrais-je faire plus d'efforts — en traversant une nuit, par exemple, la cour du temple et en explorant le nébuleux monde qui s'y trouve ? Ou devrais-je rester détachée et énigmatique, un félin avec une aura de mystère, et attendre qu'il vienne faire son tour ?

C'est Lobsang, le traducteur de Sa Sainteté, qui m'a aidée à éclaircir la situation. Et, comme c'est souvent le cas avec ces choses, de la manière la plus inattendue. Moine bouddhiste tibétain grand et mince, dans la mi-trentaine, Lobsang était originaire du Bhoutan, où il était un parent éloigné de la famille royale. Il avait reçu une éducation complètement occidentale aux États-Unis et avait obtenu un diplôme de l'université Yale en philosophie du langage et de la sémiotique. En plus de sa taille et de sa belle intelligence, une autre chose sautait aux yeux quand Lobsang faisait irruption dans une pièce. C'était son aura de quiétude. Il baignait dans la sérénité. Une tranquillité profonde et durable semblait émaner de chaque cellule de son corps, affectant tout le monde autour de lui.

En plus de ses responsabilités comme traducteur, Lobsang était également le responsable officieux des technologies de l'information à Jokhang. Toutes les fois où les ordinateurs se montraient peu coopératifs, les imprimantes, grincheuses, les récepteurs satellites, en mode passif-agressif, c'est Lobsang qui était appelé pour appliquer son raisonnement calme et incisif au problème.

Ainsi, lorsque le modem principal est tombé en panne un après-midi, Tenzin n'a pas pris cinq minutes avant de convoquer Lobsang à son bureau, à l'autre bout du couloir. Après quelques contrôles simples, Lobsang a conclu que le problème venait d'un défaut dans la ligne. On a immédiatement contacté le fournisseur Internet.

Ce qui explique pourquoi Raj Goel, représentant du soutien technique à Dharamsala Telecom, s'est présenté ce jour-là à Jokhang, en fin d'après-midi. Homme svelte dans la mi-vingtaine, avec une tignasse raide et épaisse, il semblait extrêmement contrarié de devoir fournir des services d'assistance technique à un client. De quoi se prendre une claque !

Le visage menaçant, les gestes brusques, il a exigé qu'on lui montre le modem et les lignes téléphoniques qui pénétraient à l'intérieur de Jokhang.

Tout était situé dans une petite pièce au fond du couloir. Posant bruyamment sa mallette de métal sur une unité de rangement, il l'a ouverte, en a extrait une lampe de poche et un tournevis, et s'est mis à brancher et débrancher un enchevêtrement de câbles, tandis que Lobsang se tenait à quelques mètres de distance, attentif et calme.

— Un vrai fouillis, cet endroit, grogna Raj Goel entre les dents.

Lobsang fit semblant de ne pas avoir entendu la remarque.

Continuant de pester alors qu'il se mettait à genoux pour suivre un certain câble jusqu'au modem, le technicien maugréait méchamment au sujet de l'intégrité des systèmes, de l'interférence et autres sujets incompréhensibles avant de saisir le modem avec colère, de tirer sur un certain nombre de câbles qui y étaient rattachés, et de le tourner et de le retourner entre ses mains.

Au moment même où Raj Goel exprimait son mécontentement, Tenzin se trouvait à marcher par là. Il regarda Lobsang avec une expression d'amusement consommé.

— Je vais devoir ouvrir ça, dit le technicien à Lobsang d'un ton accusateur.

— D'accord, fit le traducteur de Sa Sainteté en hochant la tête.

Fouillant sa mallette pour un plus petit tournevis, Raj Goel commença à se pencher sur le cas du modem récalcitrant.

— Pas de temps pour la religion.

Se parlait-il à lui-même ? Sa voix semblait trop insistante pour ça.

— Une superstition complètement absurde, se plaignit-il encore quelques instants plus tard, et même plus fort.

Lobsang n'était pas affecté par les remarques du technicien. À part peut-être un petit sourire qui se dessinait sur ses lèvres.

Mais Raj Goel cherchait noise à quelqu'un. Tandis qu'il tentait sans succès d'enlever une vis du modem, il parla cette fois sur un ton qui appelait une réponse.

— À quoi bon remplir la tête des gens avec des croyances idiotes ?

— J'en conviens, répondit Lobsang. À rien du tout.

— Hein ? s'exclama l'autre un peu plus tard, après avoir triomphé de la vis tenace. Mais vous êtes religieux !

Puis il jeta à Lobsang un regard inquisiteur :

— Vous êtes un croyant.

— Je ne vois pas du tout ça de cette façon.

Lobsang dégageait une profonde tranquillité. Il fit une pause, puis continua :

— Une des dernières choses que Bouddha a dites à ses disciples voulait que n'importe qui ayant cru un traître mot de ce qu'il avait enseigné était un imbécile — à moins qu'il ne l'ait lui-même expérimenté.

Des traces de sueur commençaient à apparaître sur la chemise en polyester du technicien. La réaction de Lobsang n'était pas celle qu'il espérait.

— Faussetés, admonesta-t-il. Je vois des personnes se prosterner devant des Bouddhas dans les temples. Psalmodier des prières. Qu'est-ce donc si ce n'est pas de la foi aveugle ?

— Avant que je réponde à cela, laissez-moi vous demander quelque chose.

Lobsang s'appuya contre le cadre de porte.

— Vous êtes à Dharamsala Telecom. Vous recevez deux appels dans l'avant-midi : un de la part d'un client qui a accidentellement déplacé un meuble d'archivage sur son modem, l'autre d'un client qui était si fâché après son épouse parce qu'elle avait fait des achats en ligne, qu'il a brisé leur modem avec un marteau. Dans les deux cas, les modems sont brisés et nécessitent d'être réparés ou remplacés. Traitez-vous les deux clients de la même façon ?

— Bien sûr que non ! s'exclama Raj Goel. Qu'est-ce que ça a à voir avec le fait de se prosterner et de faire des courbettes devant des Bouddhas ?

— Beaucoup.

L'équilibre naturel de Lobsang ne pouvait contraster davantage avec l'âpreté de Raj Goel.

— J'expliquerai pourquoi. Mais ces deux clients…

— Un était un accident, s'exclama le technicien en haussant le ton. L'autre, un acte de vandalisme délibéré.

— Ce que vous dites, c'est que l'intention est plus importante que l'action elle-même ?

— Naturellement.

— Ainsi, quand une personne se prosterne devant un Bouddha, ce qui importe vraiment, c'est l'intention, pas la prosternation ?

C'est à ce moment que le représentant du soutien technique commença à se rendre compte qu'il était coincé. Qu'il ne pouvait plus reculer.

— L'intention est évidente, affirma-t-il.

— En effet, fit Lobsang en haussant les épaules.

— L'intention est que vous priez Bouddha pour la rémission de vos péchés. Vous espérez le salut.

Lobsang éclata de rire. Sa façon était si douce, alors que pour la première fois, l'indignation de Raj Goel semblait fléchir.

— Je pense que vous pensez peut-être à autre chose, dit Lobsang après un certain temps. Les êtres éclairés ne peuvent pas vous débarrasser de vos souffrances ou vous procurer du bonheur. S'ils le pouvaient, ne l'auraient-ils pas déjà fait ?

— Alors pourquoi vous en souciez-vous ?

Le technicien secoua la tête pendant qu'il procédait à des ajustements sur le modem.

— Comme vous l'avez déjà dit, l'intention est importante. La statue de Bouddha représente un état d'illumination. Les statues de Bouddha n'ont pas besoin de personnes pour se prosterner devant elles. Pourquoi devraient-elles s'en inquiéter ? Quand nous nous prosternons, nous nous rappelons que notre propre prise de conscience passe par l'illumination.

Raj Goel avait alors enlevé le couvercle du modem, et il raccordait les connexions aux circuits à l'intérieur.

— Si vous n'adorez pas Bouddha, dit-il en essayant de maintenir une voix assurée, mais difficilement, qu'est-ce que le bouddhisme pour vous ?

Lobsang avait à présent suffisamment cerné son visiteur pour lui apporter une réponse qu'il pourrait estimer.

— La science de l'esprit, répondit-il.

— La science ?

— Si quelqu'un avait effectué des dizaines de milliers d'heures de recherche rigoureuse afin de découvrir des vérités au sujet de la nature de la conscience ? Supposons que la recherche se soit étendue sur des centaines d'années. Ne serait-il pas stupéfiant de ne pas seulement avoir une compréhension intellectuelle du potentiel de l'esprit, mais de pouvoir également établir la manière la plus rapide et la plus directe de le réaliser ? C'est la science du bouddhisme.

Après avoir procédé aux réglages internes du modem, Raj Goel remit le couvercle en place. Après un certain temps, il dit :

— La science quantique m'intéresse.

Puis, après un moment de pause, il annonça :

— Le modem fonctionne, mais je dois le remettre à zéro. Simple précaution. Le problème qui a trait à la ligne a été rapporté. Elle devrait être en service dans un délai de 12 heures.

Peut-être que la présence infiniment calmante de Lobsang avait commencé à l'affecter. Ou peut-être étaient-ce les explications du traducteur qui avaient freiné son élan. Toujours est-il qu'il n'y eut aucun autre grognement ou gémissement de la part du visiteur jusqu'à ce qu'il ait terminé ses travaux et remballé ses outils.

Sur le chemin du retour, alors qu'ils passaient devant le bureau de Lobsang, le traducteur dit :

— J'ai quelque chose ici qui pourrait vous intéresser.

Il entra et retira un livre d'une des étagères qui longeaient les murs.

— *The Quantum and the Lotus.*

Raj Goel regarda le titre avant de l'ouvrir.

— Vous pouvez l'emprunter si vous voulez.

Il y avait une inscription à la page titre par un des auteurs du livre, Matthieu Ricard.

— C'est dédicacé, fit remarquer le visiteur.

— Matthieu est un ami à moi.

— Il a visité Jokhang?

— Je l'ai rencontré aux États-Unis, dit Lobsang. J'ai vécu là-bas pendant 10 ans.

Pour la première fois, Raj Goel regarda Lobsang attentivement. Cette dernière confidence était d'un bien plus grand intérêt pour lui que toutes les autres choses que le traducteur lui avait dites depuis le début de leur rencontre. Réaliser son potentiel naturel, atteindre l'illumination ; bla, bla, bla. Mais *avoir vécu aux États-Unis pendant 10 ans*?!

— Merci, dit le visiteur en glissant le livre dans sa mallette. Je vous le rendrai.

Le lundi suivant, dans l'après-midi, j'ai entendu la voix de Raj Goel dans le corridor. Les visiteurs particulièrement grossiers se faisant très rares à Jokhang, ma curiosité m'a tirée de ma sieste au moment où le visiteur de Lobsang est entré dans son bureau.

Le technicien était-il venu pour livrer un autre combat?

Mais le Raj Goel qui venait juste d'arriver était une personne différente du représentant de l'assistance technique brusque et grognon de la semaine précédente. Dépourvu de son hostilité habituelle, il paraissait un peu triste, avec sa chemise délavée et sa mallette abîmée.

— Aucun autre problème avec les lignes téléphoniques ? demanda-t-il, tandis que j'entrais dans le bureau de Lobsang à sa suite.

— Tout fonctionne parfaitement, merci.

Lobsang était derrière son bureau. Son visiteur sortit le livre emprunté de sa mallette.

— Votre ouvrage offre une perspective intéressante, dit-il. (Ce qu'il voulait dire, c'est « Désolé d'avoir été aussi désagréable la semaine dernière. »)

En tant que diplômé en sémiotique, Lobsang ne mit pas de temps à le comprendre.

— Bien, fit-il, j'espérais que vous le trouviez stimulant. (Ce qui voulait dire « J'accepte vos excuses. Nous avons tous nos mauvais jours. »)

Il y eut un silence. Ayant déposé le livre sur le bureau de Lobsang, Raj Goel fit un pas en arrière. Il ne regardait pas Lobsang directement, mais il jeta un coup d'œil autour du bureau pendant quelques instants, comme s'il se donnait le temps de trouver les bons mots.

— Vous avez donc habité aux États-Unis ? finit-il par demander.

— Oui.

— Pendant 10 ans ?

— C'est exact.

— À quoi ça ressemble ? demanda-t-il après un autre long silence.

— Pourquoi voulez-vous savoir ? fit Lobsang, en reculant de son bureau et attendant que son visiteur le regarde droit dans les yeux.

— Parce que j'aimerais aller vivre là-bas pendant un certain temps, mais ma famille veut que je me marie, commença Raj Goel.

Il sembla que la question de Lobsang avait mis fin à un certain blocage. Et quand Raj Goel se mit à parler, il n'y avait plus rien pour l'arrêter.

— J'ai des amis à New York qui me disent de venir vivre avec eux, et j'ai très envie de les écouter parce que toute ma vie j'ai voulu visiter la Grosse Pomme et gagner de vrais dollars, et peut-être même rencontrer une star de cinéma. Mais mes parents m'ont choisi cette fille, vous voyez, et ses parents veulent également qu'on se marie. Ils disent : « Les États-Unis seront toujours là. » De plus, mon patron me presse de suivre une formation de perfectionnement en gestion, mais le prêt nécessaire me lierait à la société pendant six ans et je me sens emprisonné. La pression que je ressens au travail est déjà bien assez grande.

Après cette effusion soudaine, le calme qui régnait dans le bureau de Lobsang était palpable. Lobsang fit un geste vers les deux chaises dans le coin de la pièce.

— Voudriez-vous une tasse de thé ?

Un peu plus tard, les deux s'asseyaient ensemble. Tandis que Lobsang sirotait son thé, Raj Goel n'épargna aucun détail quant aux pressions dont il faisait l'objet — pressions contradictoires qui étaient, sans aucun doute, la cause de son comportement de la semaine précédente. Il confia à Lobsang quel supplice c'était de suivre ses amis sur Facebook et YouTube pendant qu'ils parcouraient les États-Unis. Comment ses parents pensaient qu'un poste de cadre intermédiaire à Dharamsala Telecom était ce à quoi il pouvait aspirer de mieux, alors qu'il avait pourtant ses propres ambitions entrepreneuriales. Comment son instinct, qui le poussait à prendre son envol, était en constante opposition avec la loyauté qu'il ressentait envers ses parents, lesquels avaient fait de grands sacrifices pour lui donner une bonne éducation.

Les dernières semaines, en particulier, avaient été un moment de grande inquiétude et d'insomnie. Il raconta à Lobsang comment il avait essayé d'être rationnel, regardant les avantages et les inconvénients de chaque option qui s'offrait à lui.

C'est à ce moment que mon vague intérêt pour la conversation est soudainement devenu personnel. Essayer de soupeser une option versus une autre, cela m'était familier ! Raj Goel et moi étions identiques à cet égard.

Le visiteur finit bientôt par avouer la véritable raison de sa visite ce matin-là :

— J'espérais que vous puissiez me donner quelques conseils pour m'aider à prendre une décision.

Me frayant un chemin vers un fauteuil libre, je bondis dessus et je fixai Lobsang avec une expression de clarté bleue. Je ne voulais rien manquer de ce qu'il avait à dire à ce sujet.

— Je n'ai aucune sagesse particulière, dit Lobsang, de la façon dont les sages le font toujours. Je n'ai aucune qualité ou réalisation extraordinaire. Je ne sais pas pourquoi vous pensez que je peux vous conseiller.

— Mais vous avez habité aux États-Unis pendant 10 ans, s'exclama Raj Goel avec véhémence, et… vous avez une expérience.

Raj Goel baissa les yeux, comme s'il était embarrassé d'admettre ça, surtout d'un homme dont il avait douté des capacités mentales seulement une semaine auparavant.

— Aimez-vous la fille en question ? demanda simplement Lobsang.

Raj Goel semblait étonné de la question. Il haussa les épaules.

— Je ne l'ai vue qu'une seule fois en photo.

Sa réponse est demeurée suspendue dans l'espace pendant un moment, comme une traînée de fumée qui monte au ciel.

— On me dit qu'elle veut des enfants, et mes parents veulent que nous ayons des enfants.

— Vos amis aux États-Unis, ils y sont depuis combien de temps ?

— Ils ont des visas de deux ans. Ils prévoient voyager d'un océan à l'autre.

— Si vous voulez vous joindre à eux, vous devez y aller…

— Bientôt.

— Qu'est-ce qui vous retient ? demanda Lobsang en hochant la tête.

— Mes parents, répliqua Raj Goel sur un ton légèrement brusque, comme si Lobsang n'avait rien saisi de ce qu'il lui avait dit.

— Le mariage arrangé. Mon patron qui veut que…

— Oui, oui, plus la formation en gestion.

Le ton de Lobsang était sceptique.

— Pourquoi dites-vous cela comme ça ?

— Comme quoi ?

— Comme si vous ne me croyiez pas vraiment.

— Parce que je ne vous crois pas vraiment.

Le sourire de Lobsang était si compatissant, si doux, qu'il était impossible de le prendre pour une offense.

— Je peux vous montrer les formulaires, dit le visiteur. Je dois les remettre…

— Oh, je crois tout ce que vous me dites au sujet de la formation, de vos parents et du mariage. Seulement, je ne crois pas que ce sont les vraies raisons pour lesquelles vous vous sentez emprisonné.

De profonds sillons avaient refait leur apparition sur le front de Raj Goel. Mais cette fois, c'étaient des sillons de perplexité.

— Je pensais que vous alliez convenir que ce sont là des responsabilités importantes.

— Pourquoi ? Parce que je suis un moine bouddhiste ? protesta Lobsang. Parce que je suis une personne religieuse qui veut faire respecter le statu quo ? Est-ce pour ça que vous me demandez mon avis ?

Raj Goel semblait déconcerté.

— Vous êtes un jeune homme intelligent et curieux, Raj. Vous vous trouvez devant l'opportunité d'une vie. Une occasion de devenir un homme du monde et de finir par en apprendre beaucoup plus, non seulement au sujet de l'Amérique, mais également sur vous-même. Pourquoi ne saisissez-vous pas cette occasion ?

Lobsang avait posé une question sérieuse, et cela prit un certain temps avant que son visiteur puisse y répondre.

— Parce que j'ai peur de ce qui pourrait arriver ?

— La peur, dit Lobsang, est un instinct qui empêche beaucoup de personnes de poser des gestes qu'elles savent pourtant, au plus profond d'elles-mêmes, propres à les libérer. Comme un oiseau dans une cage dont la porte serait ouverte, nous sommes libres d'en sortir pour aller à la quête de notre propre réalisation, mais la peur nous incite à chercher toutes sortes de raisons de ne pas bouger.

Raj Goel regarda fixement le plancher avant de finalement regarder Lobsang dans les yeux.

— Vous avez raison, admit-il.

— Le gourou bouddhiste indien Shantideva a eu quelques mots sages à ce sujet, dit Lobsang, en commençant à le citer :

— « Quand les corneilles rencontrent un serpent mourant, elles agiront comme si elles étaient des aigles. De même, si ma confiance en moi est faible, la moindre chute risque de m'infliger une blessure. »

Ce n'est pas le moment d'être faible ou de laisser vos peurs prendre le dessus, Raj. Vous pourrez constater que si vous affrontez vos craintes, les choses peuvent ne pas être aussi mauvaises que vous le pensiez. Lorsque vos parents se seront faits à l'idée, ils ne seront peut-être pas si déçus. Le mariage arrangé peut attendre. Ou peut-être, d'ici deux ans, y aura-t-il une proposition différente. Pendant ce temps, il y aurait beaucoup d'autres choses intéressantes auxquelles vous attarder. Je suis sûr que vous trouverez les États-Unis formidables.

— Je sais, dit Raj Goel, cette fois avec conviction.

Se penchant en avant sur sa chaise, il prit sa mallette et se leva presque en sautant tellement il venait de donner un nouveau sens à sa vie.

— Vous avez tout à fait raison ! Merci infiniment de vos conseils !

Les deux hommes se sont chaudement serré la main.

— Vous pourriez même rencontrer une star de cinéma, suggéra Lobsang.

— C'est pourquoi je dois ressentir la crainte… et le faire malgré tout !

Il est intéressant de constater à quel point, dès que vous optez pour une nouvelle ligne de conduite, les événements conspirent souvent pour vous aider. Pas toujours de façon évidente ou immédiate, et même, parfois, de façon plutôt inattendue.

Ce soir-là, inspirée par le conseil que Lobsang avait donné à Raj Goel, j'ai décidé de mettre le cap sur la cour du temple, là où la lumière verte brûlait, à l'extrémité du kiosque de M. Patel. Plus jamais je n'allais me trouver des excuses idiotes pour demeurer sans bouger sur mon rebord de fenêtre. La crainte de l'échec ou du rejet n'était pas pour moi. Je n'étais pas une de ces perruches idiotes qui restent confinées dans leur cage alors que la porte est ouverte.

Malheureusement, l'expédition a été un échec. Non seulement mon chat tigré ne s'est pas manifesté, mais tandis que je flânais en passant par certaines ruelles, je me suis trouvée de plus en plus perdue. Ce n'est qu'en raison de l'intervention d'un moine de Namgyal — qui m'a reconnue comme CDSS et m'a retournée à la porte de la maison — que la soirée ne s'est pas terminée en un véritable fiasco.

Mais l'après-midi suivant, après ma sieste, qui n'est pas apparu à côté de moi alors que je sortais du Café Franc ? Mon admirateur aux rayures bigarrées !

— Je ne peux pas croire ce que tu viens de faire ! m'accusa-t-il, en se référant à ma visite éhontée dans l'enceinte d'un commerçant qui haïssait supposément les chats.

— Oh ! dis-je avec un haussement d'épaules, non seulement ravie à l'idée qu'il soit là, mais qu'il l'ait fait à un moment où je possédais un incroyable savoir-faire : c'est la façon dont tu te comportes ?

— Où vas-tu ? voulut-il savoir.

— À Jokhang, répondis-je.

— Tu es un membre de la maisonnée ?

— Quelque chose du genre.

Je ferais connaître la vérité sur mon statut élevé en temps et lieu.

— D'ailleurs, lui dis-je sur un ton énigmatique, il y a des cuisses très importantes sur lesquelles je dois me reposer dans 20 minutes.

— Quelles cuisses ?

— Je ne saurais trop dire. Quand les gens ont une audience avec le dalaï-lama, cela doit demeurer *complètement* confidentiel.

Les yeux du tigré s'étaient visiblement élargis.

— Donne-moi au moins un indice ! supplia-t-il.

— Mon professionnalisme me l'interdit, répondis-je après avoir parcouru une certaine distance. Je peux juste te dire que c'est une présentatrice de talk-show américain. Une blonde.

— Il y en a tellement.

— Tu sais, du genre de celle qui oblige toujours ses auditoires à se lever et à danser. C'est une très bonne danseuse elle-même.

Mais le chat tigré n'en avait toujours aucune idée.

— Celui qui s'est marié à cette ravissante actrice, qui est également une protectrice des chats errants.

— Quelle actrice ravissante est une protectrice des chats errants ?

La subtilité, étais-je en train de découvrir, ne figurait pas au registre de mon admirateur.

— N'allons pas plus loin, dis-je, refusant de laisser tomber ma discrétion.

En même temps, je ne souhaitais pas non plus paraître complètement distante.

— Dis-moi, quel est ton nom ?

— Mambo, répondit-il. Et le tien ?

— J'ai plusieurs noms, commençai-je.

— C'est habituellement le cas des chats qui possèdent un pedigree.

J'ai souri, laissant passer le malentendu. Était-ce uniquement en raison de circonstances malheureuses que mes antécédents familiaux impeccables n'étaient pas formellement documentés ?

— Mais tu dois avoir un nom usuel.

— Dans mon cas, répondis-je, il s'agit plutôt d'initiales : CDSS.

— CDSS ?

— C'est exact.

Nous approchions des portes de Jokhang.

— Que signifient-elles ?

— À toi de le trouver, Mambo. Tu es un chat débrouillard.

J'observais son torse musclé se gonfler avec fierté.

— Je sais que tu trouveras, dis-je tournant en direction de Jokhang.

— Comment puis-je te trouver ? me lança-t-il.

— Cherche-moi quand tu es sous la lumière verte qui brûle toute la nuit.

— Je connais cette lumière-là.

— Et apporte ton chapeau d'or.

Il était là la nuit suivante. J'étais sur mon rebord de fenêtre, mais j'ai feint de ne pas le voir. Je ne voulais pas lui rendre la chose aussi facile. Je voulais voir jusqu'à quel point il était dévoué.

Quand il a miaulé, deux nuits plus tard, je me suis radoucie et j'ai descendu les escaliers.

— J'ai trouvé, m'a-t-il lancé alors que j'étais encore à bonne distance de la pierre sur laquelle il se reposait, cette pierre même sur laquelle il se reposait encore quand je l'ai aperçu pour la première fois.

— Trouvé quoi ?

— Chat de Sa Sainteté. C'est ce que tu es, n'est-ce pas ?

L'espace d'un instant, le monde entier semblait prendre une pause, retenir son souffle, et attendre que le grand mystère de mon identité soit dévoilé.

— Oui, Mambo, confirmai-je en le fixant de mes grands yeux bleus. Mais ne va pas en faire tout un plat.

Sa voix se changea bientôt en chuchotement.

— Je ne peux pas le croire. Moi, des taudis de Dharamsala. Toi avec tes propres initiales. Je veux dire… tu es pratiquement de la royauté !

— Un chat peut être…

Que pouvais-je dire sans paraître incroyablement vaniteuse ? Bodhi*chat*va de Sa Sainteté ? Rinpoché du Café Franc ? La plus belle créature qui ait jamais existé de Mme Trinci ? Lionne des neiges de Chogyal et de Tenzin ? (Ou, Dieu m'en préserve, la Mousie-Toung du chauffeur de Sa Sainteté ?)

— Un chat peut-être CDSS, ai-je finalement conclu, mais il demeure toujours… et surtout… un chat.

— Je comprends ce que tu dis.

J'en doutais fort. Je n'étais pas entièrement sûre moi-même de ce que je voulais dire.

— Alors, qu'as-tu en tête pour ce soir ? ai-je demandé.

Je vais, cher lecteur, vous épargner les détails de ce qui s'est passé cette nuit-là, ainsi qu'au cours des nuits qui ont suivi. Je ne suis pas ce genre de chat. Ce n'est pas ce genre de livre. Et vous n'êtes certainement pas ce genre de lecteur non plus !

Qu'il suffise de dire que pas un seul jour n'a passé sans que je ne remercie, de tout mon cœur, Lobsang pour ses paroles de sagesse. Shantideva, aussi. Et Dharamsala Telecom pour avoir envoyé leur technicien mécontent à Jokhang.

Environ deux mois après les visites de Raj Goel, j'étais à mon emplacement habituel sur le classeur quand Lobsang est entré dans le bureau des adjoints.

— Il y avait quelque chose pour vous dans notre courrier aujourd'hui, lui dit Tenzin en fouillant à travers quelques enveloppes posées sur son bureau.

Il en sortit finalement une carte postale lustrée sur laquelle on pouvait voir le portrait d'une célébrité très glamour.

— Raj Goel ?

Lobsang jeta un coup d'œil sur la carte et lut la signature, essayant de déchiffrer le nom.

— Oui, *ce* Raj !

— Un ami ? s'enquit Tenzin.

— Vous souvenez-vous du représentant de Dharamsala Telecom qui était venu pour réparer notre ligne il y a quelques mois ? Il s'avère qu'il travaille maintenant pour une des plus grandes entreprises de télécommunication des États-Unis.

Tenzin sourcilla un instant.

— J'espère qu'il a amélioré son comportement, ou il ne travaillera pas là très longtemps.

— Je suis sûr que son comportement s'est beaucoup amélioré maintenant qu'il a échappé à sa propre crainte de l'échec, indiqua Lobsang.

Il ricana pendant qu'il continuait de lire la carte.

— La semaine dernière seulement, il a réparé le téléphone de celle-là, dit-il en leur tendant la carte.

— Qui est-elle ? demanda Chogyal.

— Une actrice américaine très célèbre qui est également connue comme la grande protectrice des chats errants.

Il se retourna pour me regarder avec cette expression, celle qui démentait ses prétentions à l'effet de ne rien avoir de particulier.

— Cette carte postale boucle plutôt bien la boucle de nos rencontres avec Raj Goel, n'est-ce pas CDSS ?

CHAPITRE 11

Y a-t-il un inconvénient à être le chat du dalaï-lama ?

Le simple fait de poser la question peut sembler absurde ou évoquer tant d'ingratitude que vous pourriez sur le champ vouloir m'assimiler à un chat surprotégé, un de ces félins à face plate et aux poils longs dont l'expression hautaine et froide donne l'impression que rien ne sera jamais assez bien pour eux.

Mais ne soyez pas aussi expéditif, cher lecteur. N'y a-t-il pas un revers à chaque médaille ?

Il est vrai que peu de chats dans l'histoire ont pu bénéficier des conditions inouïes qui sont les miennes. Non seulement mes besoins matériels sont-ils tous comblés et mes caprices, assouvis — parfois avant même que j'en sois consciente — mais mon état cérébral est stimulé par l'énorme variété de visiteurs et d'activités qui tourbillonne autour de moi. D'un point de vue émotionnel, il serait difficile d'imaginer être plus aimée, vénérée et adorée par ceux-là qui, à leur tour, sont l'objet de ma dévotion la plus sincère.

Et spirituellement, comme vous le savez déjà, il suffit que Sa Sainteté pénètre dans une pièce, et toutes les apparences et les conceptions triviales semblent se dissoudre pour ne laisser qu'une sensation durable de bien-être profond. Étant donné que je passe tellement de temps quotidiennement en sa présence, que je dors toutes les nuits au pied de son lit, et que je passe beaucoup d'heures sur ses cuisses, je dois être l'un des chats les plus extatiques de la planète.

Comment diable pourrait-il y avoir un côté négatif à cette vie ?

Comme le dalaï-lama l'explique souvent, le développement intérieur est quelque chose qui relève de notre responsabilité personnelle. Les autres êtres ne peuvent pas nous rendre plus conscients, nous faire vivre la riche expérience du quotidien à son maximum. De même, d'autres êtres ne peuvent pas nous forcer à devenir plus patients ou bienveillants que nous le sommes, peu importe à quel point ces qualités sont porteuses de satisfaction. Quant à l'amélioration de la concentration grâce à la méditation, il est évident que cela relève d'un effort personnel.

Et c'est ainsi que nous en venons au cœur du sujet, la cause de ma vexation embarrassante, mais combien indéniable.

Jour après jour, j'assiste aux audiences accordées par Sa Sainteté ; j'écoute les expériences de méditation des praticiens les plus avancés, sachant que je suis incapable de méditer plus de deux minutes sans être distraite. Pas une semaine ne passe sans que je n'entende parler des aventures étonnantes de pleine conscience vécues par des yogis qui sont endormis ou techniquement — mais temporairement — morts. Mais quand je ferme les yeux chaque nuit avant de m'endormir, je tombe rapidement dans un état de torpeur lourde et inconsciente.

Si je vivais dans une famille qui passait autant de temps à regarder la télévision que le dalaï-lama passe de temps à méditer, et dont les esprits étaient aussi agités que le mien, peut-être alors — m'arrive-t-il de penser — que je ne serais peut-être pas si péniblement consciente de mes propres limitations. Si j'étais entourée d'êtres humains qui pensent que ce sont les personnes et les choses dans leur vie qui les rendent heureux ou malheureux, plutôt que leur attitude envers ces mêmes personnes ou ces choses, eh bien je pourrais alors être considérée comme le plus sage des chats.

Mais je ne le suis pas.

Et donc je ne peux pas l'être.

Au lieu, il y a des périodes où je me sens si peu apte qu'il me paraît même inutile d'essayer de devenir un vrai bodhi*chat*va. Mes piètres talents en matière de méditation. Mes pensées négatives habituelles. Vivre à Jokhang, c'est se retrouver pygmée parmi les géants ! Sans compter que j'ai toutes les insuffisances personnelles inimaginables, comme mon côté glouton contre lequel je lutte chaque jour, sans oublier mes imperfections physiques, immédiatement évidentes quand je commence à marcher, à cause de la fragilité de mes jambes arrière. Et cette compréhension, profondément douloureuse, comme un grain de sable s'infiltrant au cœur même de mon amour-propre, que mon pedigree impeccable — comble de malheurs ! — demeurera probablement non documenté jusqu'à la fin des temps. Il est difficile de continuer à vous percevoir comme différent ou spécial — ou, osons le dire, de sang bleu — quand vous n'avez aucun document pour le prouver.

C'étaient là mes pensées exactes quand, un beau matin, je déambulais la côte vers le Café Franc, à la recherche d'un repas somptueux. Me frayant un chemin à travers les tables animées, je me suis arrêtée pour échanger des salutations, à savoir frotter mon museau humide contre celui de Marcel, lequel était devenu plus cordial envers moi depuis l'arrivée de Kyïe Kyïe. J'ai ensuite accordé à Franc un ronronnement bienfaisant tandis qu'il se penchait pour me caresser. Puis, libérant le chemin du serveur en chef, Kusali, qui tâchait d'équilibrer trois plats de nourriture sur chaque bras, j'ai grimpé à ma place habituelle entre les revues de mode en papier glacé, et j'ai gardé l'œil ouvert sur mon théâtre privé.

Il y avait le mélange habituel de voyageurs — des randonneurs, des chercheurs, des novices et des retraités en espadrilles. Mais mon attention a immédiatement été attirée par un trentenaire assis à la table juste à côté de moi, qui lisait un exemplaire de *La biologie des croyances* de Bruce Lipton. Le visage jeune et beau, les yeux noisette, le front haut, les cheveux noirs et bouclés, il lisait à un rythme qui laissait entrevoir une grande acuité intellectuelle derrière une paire de lunettes un peu vieillotte.

Sam Goldberg était un des habitués du café. Arrivé à McLeod Ganj un mois plus tôt, il était devenu un client régulier à la seconde même où il avait découvert le Café Franc. Franc n'avait pas tardé à se présenter.

Les deux avaient échangé des politesses et amabilités pendant lesquelles j'avais appris que Sam prenait du repos après avoir été congédié par son employeur, à Los Angeles. Il était à McLeod Ganj pour une période indéterminée. Il lisait une moyenne de quatre livres par semaine. C'était un blogueur invétéré sur les questions se rapportant au corps, à l'âme et à l'esprit. Et plus de 20 000 personnes le suivaient en ligne.

C'est pendant une conversation qui avait eu lieu la semaine précédente qu'une nouvelle possibilité, fort intéressante, s'était présentée à lui. Pendant l'accalmie entre le milieu de la matinée et l'heure du dîner, Franc s'était tiré une chaise en face de Sam : un honneur qu'il n'accordait que rarement à ses clients.

— Que lisez-vous aujourd'hui ? demanda-t-il en lui offrant gracieusement un café latté.

— Oh, merci ! Très aimable, dit Sam en jetant un coup d'œil au café, puis brièvement à Franc, avant de retourner à son livre.

C'est le commentaire du dalaï-lama sur la Sutra du Cœur, répondit-il. Un classique et un de mes écrits préférés. Je dois l'avoir lu une douzaine de fois. Ça et le *Cœur de la compréhension parfaite* de

Thich Naht Hanh, c'est ce que j'ai trouvé le plus utile pour comprendre la signification du sutra.

— La coproduction conditionnée est un concept difficile, fit remarquer Franc.

— Le plus difficile, convint Sam. Mais pour une compréhension encore plus profonde, on ne peut pas vraiment aller au-delà des instructions sur le mahamoudra que Tilopa a donné à Naropa en 28 versets sur les rives du Gange, ou encore de la voie maîtresse des triomphateurs que nous a laissée le premier panchen-lama. Les vers de Tilopa sont merveilleusement lyriques, et la poésie peut parfois apporter une signification qui va bien au-delà des mots eux-mêmes. Les enseignements du panchen-lama sont beaucoup plus prosaïques. Mais leur pouvoir et leur clarté sont exactement ce dont vous avez besoin lorsque vous méditez sur une chose aussi subtile.

Franc digéra ces paroles pendant un instant avant de rompre le silence.

— Ça me stupéfie, Sam. Il semble que tout ce dont je vous parle, vous pouvez me sortir une demi-douzaine de titres sur le sujet, en plus d'une critique détaillée pour chacun d'eux.

— Ah, n-n-n-non, dit-il alors que des taches roses apparaissaient sur son cou pâle.

— Je suppose que vous vous tenez bien informé pour mieux disserter sur votre blog? demanda Franc.

— En fait, le blog, c'est le résultat plutôt que la cause, dit Sam en jetant un rapide coup d'œil à Franc.

— Vous avez toujours été un rat de bibliothèque?

— Ça peut aider si vous êtes dans l'industrie. Je veux dire l'industrie pour laquelle je travaillais, répondit Sam.

— Et de quelle industrie s'agissait-il ? demanda Franc sur le mode de la conversation.

— L'industrie du livre.

— Vous voulez dire… ?

— Je travaillais pour une chaîne de librairies.

— C'est… fort intéressant.

Je reconnaissais la lueur dans l'œil de Franc. C'était la même lueur que j'avais vue quand il avait découvert que j'étais le chat du dalaï-lama.

— J'étais responsable de la section corps/âme/esprit, continua Sam. Je devais me tenir à jour en ce qui concernait les nouvelles parutions.

— Dites-moi, fit Franc en se penchant en avant, les coudes sur la table. Cette transition vers les liseuses et les livres numériques, est-ce la fin des librairies ?

Sam se rassit droit dans sa chaise avant de parvenir à regarder Franc dans les yeux pour au moins une seconde.

— Personne n'a de boule de cristal, mais je pense qu'il y a vraiment certains magasins qui prospéreront. Ceux qui vendent un type de livre en particulier. Ou qui organisent peut-être des événements.

— Comme des cafés-librairies ?

— Exactement.

Franc regarda Sam attentivement, pendant un long moment, avant de lui dire :

— Ces derniers mois, je me suis demandé comment diversifier mes affaires. J'ai cet espace, séparé du reste des tables, qui est peu utilisé.

Il fit des gestes vers la partie du café, quelques marches plus haut, où l'éclairage était plus tamisé et les tables, souvent inoccupées.

— Beaucoup de touristes qui passent ici chaque jour pourraient vouloir acheter un nouveau livre, et il n'y a nulle part pour en acheter un dans le coin. Le problème, c'est que je ne connais rien à la vente de livres. Et je ne connaissais aucun libraire jusqu'à maintenant.

Sam hocha la tête.

— Alors, qu'en dites-vous ?

— C'est exactement le genre d'endroit où une librairie pourrait faire de bonnes affaires. Comme vous dites, il n'y a aucune concurrence dans les environs. Et le fait que la réception satellite soit ici si mauvaise ne nuirait certainement pas, car elle rend difficile le téléchargement de livres numériques.

— Beaucoup de nos clients ont déjà un intérêt marqué pour les livres touchant au développement personnel, fit valoir Franc. Je vois des gens en lire tout le temps.

— S'ils viennent pour une expérience complète, vous pouvez élargir l'expérience pour y inclure des nouveautés, des CD, et peut-être même des cadeaux.

— Des articles d'inspiration bouddhiste et indienne, suggéra Franc.

— Seulement de la meilleure qualité.

— Naturellement.

Pendant trois secondes complètes, Sam soutint le regard de Franc. La lueur dans les yeux de Franc s'était transformée en une véritable excitation. Même la timidité habituelle de Sam semblait s'être dissipée.

— Vous mettriez tout ça en place pour moi? demanda Franc.

— Vous voulez dire?

— Et ensuite, vous pourriez devenir le directeur de la librairie, poursuivit Franc.

L'enthousiasme s'éclipsa rapidement du visage de Sam.

— Eh bien, c'est t-t-très gentil de demander, mais je ne pourrai pas, dit Sam alors que de profonds sillons se creusaient entre ses yeux. Je veux dire, je ne suis ici que pour quelques semaines.

— Aucun emploi ne vous attend à votre retour, lui rappela Franc, un peu brutalement. Ici, je vous offre un travail.

— Mais mon visa...

— J'ai un gars qui peut s'occuper de la paperasse, fit Franc en rejetant l'argument du revers de la main.

— Et le l-l-logement...

— Il y a un appartement en haut, dit Franc. Je pourrais l'inclure dans notre proposition.

Mais au lieu de résoudre les soucis de Sam, Franc ne semblait que les aggraver. Sam baissa la tête tandis qu'il commençait à rougir, d'abord sur son cou, puis graduellement, mais inexorablement, jusqu'aux joues.

— Je ne pourrais simplement pas m'en occuper, dit-il à Franc. Même si tout le reste était...

— Pourquoi pas? demanda Franc en se penchant vers lui, le regardant droit dans les yeux.

Sam fixa le plancher, honteux.

— Vous pouvez me le dire, demanda Franc, adoucissant le ton.

Sam secoua lentement la tête.

— Faites-moi confiance, je suis bouddhiste, insista Franc en essayant une nouvelle tactique.

Sam sourit tristement.

— Je ne pars pas d'ici, dit Franc essayant de combiner à la fois sympathie et insistance dans sa voix, jusqu'à ce que vous me disiez pourquoi.

Il se rassit dans sa chaise, comme s'il se préparait à une longue attente. Sam rougit d'une nuance supplémentaire. Puis, après un silence très prolongé, les yeux toujours rivés sur le plancher, Sam murmura :

— Quand la succursale à Century City a fermé, j'ai été licencié.

— Vous me l'avez déjà dit.

— Le fait est que ce n'est pas tout le monde qui a été congédié. Quelques-uns ont été retenus, puis réaffectés ailleurs.

Sam se prenait la tête pour cacher sa honte.

— Et vous pensez quoi ?

— Si j'avais excellé dans mon travail, on m'aurait aussi gardé, non ?

— Ils ont gardé les meilleurs vendeurs, n'est-ce pas ? demanda Franc sur un ton plus direct. Quelle autre raison ? Le coût des licenciements ? Avaient-ils de l'ancienneté ?

Sam haussa les épaules.

— J'imagine. La plupart d'entre eux. Mais vous pouvez voir… à quel point je suis peu habile avec les gens. Je ne serais pas la bonne personne pour m'en occuper, Franc.

Finalement, il jeta un bref regard en direction de Franc.

— À l'école, dans les sports, j'étais toujours le dernier à être choisi quand venait le temps de former des équipes. Au collège, je n'ai jamais pu sortir avec une fille. Je ne suis tout simplement pas bon dans les relations interpersonnelles. Je serais une catastrophe.

Tandis que Franc examinait l'être pitoyable qui se tenait devant lui, une expression espiègle et bien connue apparut sur ses lèvres. En silence, il fit un geste à Kusali pour qu'il lui apporte un expresso.

— Ouais, j'en conviens, répondit-il après un certain temps. Imaginez à quel point ce serait désastreux d'avoir quelqu'un qui connaît notre catégorie de livres les yeux fermés pour s'occuper de nos commandes. Ou si un client vous demandait une suggestion et que vous lui offriez une demi-douzaine de titres à cet effet. À coup sûr, ce serait une catastrophe !

— Ce n'est pas ça…

— Supposons que quelqu'un vienne ici pour sélectionner une équipe sportive et que la première personne qu'il voit, c'est vous.

— Vous savez que ce n'est pas ce que j'ai voulu dire…

— Ou, Dieu nous en préserve, une femme célibataire à la recherche d'un rendez-vous amoureux !

— Il s'agit de parler avec les gens, répliqua Sam, presque violemment. Je ne suis pas bon pour ça.

— Vous me parlez en ce moment même, dit Franc.

— Vous n'êtes pas un client.

— Je n'ai jamais fait pression sur quiconque pour qu'il commande un cappuccino, et je ne m'attendrais pas à ce que vous fassiez de la vente à commission, si c'est ce que vous voulez dire.

Les deux s'observèrent de près, puis Franc reprit :

— L'idée d'une librairie fonctionnera, ou ne fonctionnera pas. Je crois que vous êtes la bonne personne pour le poste, même si vous ne le croyez pas vous-même.

La conversation avait eu lieu la semaine précédente et, en dépit des meilleurs efforts de Franc, elle s'était terminée sans que Sam s'engage à quoi que ce soit. Il était venu au café chaque jour depuis, mais rien de plus n'avait été dit sur le sujet. Je me suis demandé combien de temps Franc pourrait encore se retenir. Car je n'avais aucun doute qu'il remettrait ça sur la table.

Depuis sa conversation avec Sam, Franc avait appelé plusieurs marchands pour faire évaluer l'espace qu'il voulait consacrer à une librairie, ainsi que pour discuter des options pour les rayonnages et la mise en étalage. Mais pourrait-il obliger Sam à bouger ?

La suite a démontré que la force de persuasion de Franc était inutile. Peu après mon arrivée ce matin-là, alors que Sam était plongé dans un livre sur la biologie cellulaire et l'épigénétique, qui d'autre que Geshe Wangpo ne devait-il pas se présenter au café.

Comme Franc l'avait rapidement découvert, un professeur pouvait se révéler une épée à deux tranchants. Les avantages étaient extraordinaires, mais les exigences n'en étaient pas moins. Et quand votre professeur était aussi intransigeant que Geshe Wangpo, les tranchants de cette épée étaient affûtés comme un rasoir. Chaque mardi soir, Franc se rendait au temple pour suivre des cours sur la Voie de l'Éveil, mais à d'autres moments, Geshe Wangpo faisait irruption dans son monde de façon inopinée, avec des résultats bouleversants.

En une occasion, Franc avait eu des problèmes avec ses serveurs qui l'avaient complètement désemparé. Et pour la première fois, il avait reçu un appel inattendu de Geshe Wangpo, qui lui avait ordonné sur le champ de réciter les mantras de la Tara verte pendant deux heures chaque jour. Avant la fin de la semaine, les problèmes en ressources humaines de Franc avaient mystérieusement disparu.

À une autre occasion, Franc venait juste de terminer une conversation avec son père, qui l'avait appelé depuis son lit d'hôpital à San Francisco. Franc avait passé les 10 minutes précédentes à expliquer pourquoi il ne pourrait probablement pas aller le visiter, quand il s'est retourné et a aperçu son lama qui se tenait derrière lui. Geshe Wangpo lui avait dit, en termes clairs, qu'une visite à son père devait être pour lui une priorité. Quelle sorte de fils était-il pour dire à un vieil homme âgé et fragile qu'il était trop occupé pour le voir ? À qui devait-il sa propre vie ? Quelle sorte de parents voulaient-ils avoir dans ses prochaines réincarnations — des parents aussi désinvoltes et négligents que Franc prévoyait l'être, ou des parents qui se soucieraient véritablement de son bien-être ? Et, au demeurant, il devrait s'assurer d'acheter à son père des cadeaux de bonne qualité à l'aéroport.

Une demi-heure plus tard, Franc réservait son billet d'avion.

Aujourd'hui, quand Geshe Wangpo s'est présenté au café pendant l'accalmie du matin, il a jeté un coup d'œil aux nombreuses tables inoccupées avant de se diriger vers Sam Goldberg, qui lisait seul dans son coin. Une puissante énergie accompagnait la façon dont il se déplaçait à travers la pièce, comme s'il ne s'agissait pas seulement d'un moine revêtu de marron qui faisait une apparition, mais d'un être nettement plus autoritaire — un gros monstre bleu et noir, crachant le feu, comme ceux qui étaient dépeints sur les thangkas du temple.

— Puis-je m'asseoir ici? demanda-t-il, tirant la chaise à l'opposé de Sam.

— O-oui. Bien sûr.

Presque toutes les tables autour d'eux étaient inoccupées. Mais si Sam trouvait la requête étrange, il n'en laissa rien paraître. Au lieu, il retourna à son livre.

Après avoir pris ses aises, Geshe Wangpo n'avait aucune intention de demeurer silencieux.

— Que lisez-vous?

— Un livre sur, euh, l'épigénétique, dit Sam en levant les yeux.

Le lama jeta un coup d'œil aux trois autres livres qui étaient empilés près de la tasse à café vide.

— Vous aimez lire?

Sam hocha la tête.

Je me suis demandé si Franc n'avait pas parlé de son idée de librairie après son cours cette semaine, mais cela semblait peu probable. Geshe Wangpo encourageait l'autonomie de ses étudiants. Quant à Sam, il n'avait aucune idée de qui était Geshe Wangpo, sinon un moine exceptionnellement frondeur.

— Il est extrêmement utile, dit Geshe Wangpo à Sam, de partager ses connaissances avec les autres. Autrement, à quoi sert-il de les posséder ?

Sam leva les yeux et soutint le regard du lama. Ce n'était pas son regard vif habituel, mais un contact visuel qui se prolongea pendant une durée improbable. Qu'y avait-il dans le visage du lama pour soutenir ainsi son regard ? Y avait-il quelque chose pour le rassurer, pour lui transmettre, peut-être, un sentiment de sécurité et de compassion profonde qui résidait sous l'apparence de sévérité du Tibétain ? Geshe Wangpo soutenait-il le regard de Sam simplement par sa force de caractère, pour laquelle il était bien connu, ou une connexion différente était-elle en train de s'établir entre eux — une qui était beaucoup moins facile à expliquer ?

Peu importe ce qu'il en était, quand Sam répondit finalement, il était dépourvu de sa timidité habituelle.

— C'est étrange que vous disiez ça. Le propriétaire ici m'a demandé si je ne voudrais pas gérer une librairie pour lui.

Il fit un geste en direction de l'espace inoccupé que Franc avait à l'esprit.

— Aimeriez-vous vous en occuper ? demanda le lama.

— Je ne pense pas que je serais la bonne personne pour m'en occuper, fit Sam en grimaçant.

L'expression de Geshe Wangpo demeurait inchangée. Il essaya encore.

— Aimeriez-vous vous en occuper ?

— Je ne pourrais pas laisser tomber Franc. Il devrait investir beaucoup d'argent en marchandises et en dispositifs d'étalage. Si tout allait mal à cause de moi…

— Je comprends, je comprends.

Geshe Wangpo se pencha vers l'avant.

— Mais aimeriez-vous vous en occuper ?

Un petit sourire, triste mais irrésistible, apparut à la commissure des lèvres de l'ancien libraire. Avant de pouvoir placer un mot, Geshe Wangpo l'interrompit :

— Alors vous devez le faire !

Le sourire de Sam s'élargit.

— J'y ai dernièrement beaucoup réfléchi. Ça pourrait être… un nouveau départ très stimulant. Mais j'ai des réserves.

— Qu'entendez-vous par « réserves » ?

Les sourcils du lama se froncèrent de façon théâtrale.

— Des réserves ? fit Sam en cherchant des synonymes dans son esprit : des doutes, des inquiétudes, des incertitudes…

— C'est normal, répondit l'autre.

Puis, pour souligner, il répéta le mot plus profondément, plus fort et plus lentement :

— Normal.

— J'examinais l'opportunité…, commença à expliquer Sam.

— Nul besoin de trop y penser, dit Geshe Wangpo lui coupant aussitôt la parole.

Sam le regarda droit dans les yeux, étonné de voir son analyse cognitive rejetée du revers de la main.

— Vous ne m'avez pas vu avec les gens, poursuivit-il. Les gens ordinaires.

Les mains sur les hanches, le lama se cambra dans sa chaise.

— Il y a un problème ?

Sam haussa les épaules.

— On pourrait sûrement dire une question d'estime de soi.

— D'estime de soi ?

— Quand vous pensez que vous n'êtes pas à la hauteur.

Geshe Wangpo était sceptique.

— Mais vous lisez beaucoup de livres. Vous avez les connaissances nécessaires.

— Là n'est pas la question.

— Dans le bouddhisme, poursuivit le lama en penchant la tête vers l'arrière en guise de provocation, nous dirions que vous êtes paresseux.

La réaction de Sam fut à l'opposé de son tempérament habituel. La couleur s'était retirée de son visage.

— Se dénigrer soi-même, penser que l'on n'est pas assez bon, dire « Je ne peux pas faire ça », c'est un esprit de faiblesse. Vous devez travailler pour le surmonter.

— Ce n'est pas une question de choix, protesta Sam faiblement.

— Alors vous devez *choisir* de surmonter cet état d'esprit. Qu'arrivera-t-il si vous continuez de vous en remettre à un esprit faible ? Vous nourrissez votre faiblesse. Le résultat en sera un esprit encore plus faible dans l'avenir. Au lieu, vous devriez cultiver la confiance en vous !

Geshe Wangpo se tint droit dans sa chaise et ferma ses poings sur la table. La puissance semblait émaner de tout son être.

— Vous pensez que je peux ?

— Vous devez ! lui dit le lama avec force. Quand vous parlez aux gens, vous devez le faire avec un regard franc et une voix forte.

Sam adopta une posture beaucoup plus droite.

— Vous avez lu le *Guide du mode de vie du Bodhisattva* ?

Sam opina du chef.

— Il nous indique que la confiance en soi devrait être appliquée aux actions saines. C'est ce dont il s'agit ici, n'est-ce pas, d'actions saines ? Vous devez vous dire « Il n'y a que moi qui peux le faire pour moi ». C'est la confiance en soi qui débouche sur l'action.

— Un regard franc et une voix forte ? demanda Sam, sensiblement plus fort.

— Comme ceci, répondit le lama en hochant la tête.

En réponse à la puissance de Geshe Wangpo, un nouveau sentiment semblait gagner Sam. Il s'asseyait tout d'un coup plus droit. Il se tenait avec plus d'assurance. Au lieu de regarder vers le bas, il regardait directement Geshe Wangpo dans les yeux. Rien n'était dit à haute voix, mais dans le silence, une forme de communication différente et plus intuitive semblait maintenant s'imposer. Comme si Sam était en train de comprendre que toutes ses questions d'estime de soi n'étaient rien d'autre que des idées qu'il avait à propos de lui-même, des idées qui n'avaient pas plus de consistance que du papier de soie. Des idées qui étaient provisoires et qui, comme toutes les autres, surgiraient, se manifesteraient et finiraient par passer. Des idées qui, en présence de ce moine, étaient remplacées par des idées différentes, des idées qui étaient une ode à la vie.

Après un long moment, Sam prit la parole.

— Je ne connais pas votre nom, dit-il.

— Geshe Acharya Trijang Wangpo.

— Pas l'auteur de la *Voie de l'union vers la fin des apprentissages*?

Le lama recula dans sa chaise, croisa les bras sur sa poitrine et jeta à Sam un regard aussi pétillant que défiant.

— Vous êtes un fin connaisseur, lança-t-il.

Tandis que je m'en retournais à Jokhang plus tard, cette journée-là, j'étais perdue dans mes pensées à propos de ce que Geshe Wangpo avait dit. J'avais été aussi étonnée que Sam d'entendre qu'un manque d'assurance était, pour les bouddhistes, considéré comme une forme de paresse, la manifestation d'un esprit faible qui devait être surmonté. Je ne pouvais pas éviter de me rappeler mes propres sentiments d'insuffisance en matière de Dharma en général, et de méditation en particulier. Et comment le fait de vivre à Jokhang me rappelait constamment que des prises de conscience étaient possibles, et que ma propre pratique en matière de méditation était si limitée qu'il me semblait inutile de continuer.

Mais comme le lama de Franc l'avait dit, que se passerait-il si je continuais à m'en remettre à un esprit faible? Quel résultat pourrais-je éventuellement obtenir, sinon encore plus de faiblesse? Il y avait derrière tout ça un raisonnement aussi déconcertant qu'inévitable, mais en même temps, cette logique s'accompagnait d'un sentiment étrangement irrésistible d'émancipation.

Ce soir-là, quand je me suis mise en position de méditation sur le rebord de ma fenêtre, mes pattes légèrement repliées, mes yeux à moitié fermés et les moustaches alertes, je me suis concentrée sur ma respiration, et je me suis souvenu des paroles de Geshe Wangpo.

Je me suis dit à moi-même que je vivais avec le modèle parfait, et que j'étais entourée de gens qui m'appuyaient dans ma pratique. Pour qui voulait se transformer en un vrai bodhi*chat*va, on ne pouvait rêver d'un meilleur environnement que le mien.

Il n'y a que moi qui peux le faire pour moi !

Ai-je émergé de cette séance de méditation en un être pleinement éveillé ? Mon changement d'attitude allait-il être la cause d'un nirvana instantané ? Cher lecteur, je mentirais si je vous disais oui. Ma méditation n'a montré aucun signe d'amélioration instantanée, mais peut-être importe-t-il davantage que ce soient mes sentiments à son sujet qui aient évolué.

À partir de ce moment, j'ai décidé que je n'allais plus considérer les séances de méditation difficiles comme une raison d'abandonner. Je ne jugerais pas ma propre expérience en comparaison des hauteurs olympiennes qu'avaient atteintes les visiteurs de Sa Sainteté. J'étais le CDSS, avec ses propres failles et faiblesses, mais aussi, à l'instar de Sam, avec ses propres forces. Je méditerais, métaphoriquement parlant, avec des yeux francs et une voix forte. Je ne maîtrisais peut-être pas tout au sujet de la concentration méditative, mais j'étais aussi un fin connaisseur.

Il y a un post-scriptum à cette histoire, cher lecteur. Et c'est tant mieux — les post-scriptum ne sont-ils pas ce qu'il y a de meilleur ? Le bonbon inattendu. Le pas de danse imprévu. Quand il s'agit de changements de vitesse soudains, je suis toujours partante.

C'est en plein le genre de livre que j'écris.

Et après avoir fait tout ce chemin en ma compagnie, que vous le vouliez ou non, cher ami, vous êtes très certainement ce type de lecteur !

D'abord, une confession.

J'ai été ébranlée le jour où j'ai pris connaissance de cette spirale de doutes que Sam entretenait à son propre sujet, quand il a expliqué ses sentiments d'infériorité à Franc. Comment le fait d'avoir été congédié de la librairie où il travaillait lui avait rappelé le rejet dont il avait souffert en pratiquant le sport à l'adolescence, alors qu'il était toujours le dernier à être choisi lors de la formation des équipes. Comment le fait de n'avoir pu trouver l'amour au collège n'avait fait qu'alimenter son sentiment d'échec. Le fait que de nombreux professionnels très compétents n'aient jamais réalisé de prouesses sportives, ou que certaines femmes ravissantes vivent le grand amour avec des geeks, tout ça n'avait pas réussi à ébranler ses croyances autodestructrices. Considérant à quel point il était intelligent, son explication était plus que bizarre, et aurait même été risible, si ce n'est la souffrance évidente qu'elle lui causait.

Mais quand j'ai vu la façon dont il agençait un tas d'expériences isolées pour faire de sa vie une histoire négative et déprimante, je n'ai pu m'épargner une révélation douloureuse : j'étais exactement comme ça.

N'avais-je jamais permis à une pensée négative de s'amalgamer à une autre, qui n'avait pourtant rien à voir avec elle ? Dès que je réfléchissais à mes piètres dons en méditation, je me condamnais aussitôt pour mon manque de restriction face à la nourriture. Examinant ensuite ma forme physique, je ramenais tout à ma façon bancale de marcher, à cause de mes blessures aux jambes. Ce qui m'a menée inévitablement à m'affliger sur mes premiers souvenirs d'enfance et la question de mon pedigree.

Après la semonce servie par Geshe Wangpo, j'en suis venue à découvrir la dynamique opposée ; à savoir que les pensées positives se multiplient tout autant et conspirent inévitablement à produire les résultats les plus heureux.

Il y a une citation attribuée à Goethe qui est très prisée des fabricants d'aimants pour réfrigérateur, des concepteurs de cartes de vœux et autres gadgets d'inspiration. Ça va comme suit : « Quoi que tu rêves d'entreprendre, commence-le. L'audace a du génie, du pouvoir, de la magie. » Bien que Tenzin m'ait dit que Goethe n'a jamais écrit une chose pareille, les mots ont une irrésistible résonance.

Lorsque j'ai commencé à être plus confiante dans ma pratique de la méditation, j'ai découvert que ça affectait beaucoup d'autres choses. Je ne mangeais plus chaque dernière bouchée de foie de poulet que me laissait Mme Trinci juste parce qu'elle traînait là. Je pouvais m'introduire, la queue haute, dans les réunions auxquelles assistaient les plus distingués des visiteurs de Sa Sainteté. Pourquoi ne l'aurais-je pas fait ?

Et le plus curieux de tout : Tashi et Sashi, ces deux garnements des bidonvilles transformés en novices, qui avaient été mandatés par Sa Sainteté pour prendre soin de moi, continuaient de me rendre visite dans le salon des visiteurs de temps à autre. Ils s'asseyaient habituellement sur le plancher pendant cinq minutes et me grattaient le cou. Parfois, ils me récitaient des mantras.

Un après-midi, quelques jours après mon changement d'attitude, ils ont effectué une visite. M'exécutant selon ma façon habituelle, je me suis roulée sur un tapis artisanal, les pattes avant et arrière complètement écartées, afin qu'ils puissent passer leurs doigts sur mon ventre.

C'est à ce moment que Chogyal est entré dans la pièce.

— Très gentil de votre part, dit-il en faisant un signe de tête chaleureux aux deux garçons.

— Elle est devenue un chat magnifique, dit Tashi.

— Un Himalayen, expliqua Chogyal en se courbant pour masser le bout velouté de mes oreilles. Habituellement, seules les personnes riches peuvent s'offrir ce genre de chats.

Sashi eut un regard lointain pendant un moment. Puis il dit :

— La mère de ce chat appartenait à des gens riches.

— Vraiment? demanda Chogyal en fronçant les sourcils.

— Même si nous vivions dans un secteur pauvre, nous avions l'habitude d'observer la mère des chatons marcher le long du mur depuis la grande maison…

— Une très grande maison, s'exclama Tashi. Avec *sa propre piscine*!

— Elle y allait pour manger, dit Sashi.

— Un jour, nous l'avons suivie jusqu'aux chatons…, commença Tashi.

— C'est comme ça que nous les avons trouvés, termina Sashi.

— Il y avait plusieurs Mercedes rutilantes devant cette maison, se rappela Tashi. Et un employé dont le seul travail était de les polir!

Chogyal se redressa.

— C'est si intéressant. Il semble que CDSS puisse très bien être un pur-sang après tout. Mais vous savez, c'est notre vœu, à nous bouddhistes, de ne jamais rien prendre à moins qu'il ne soit librement donné. Je me demande s'il est possible de contacter cette famille pour leur offrir un paiement.

CHAPITRE 12

Les visites des chefs d'État ont presque toujours semé l'émoi à Jokhang. Dans les jours qui précèdent leur arrivée, des agents du renseignement, au visage dur, viennent inspecter l'intérieur de chaque placard. Les chefs du protocole se réunissent pour discuter les plus menus détails. Des mesures extraordinaires sont prises pour parer à tout imprévu : de l'emplacement des détachements de sécurité sur le dessus des toits avoisinants à la texture du papier hygiénique réservé aux VIP, si besoin est.

C'est pourquoi j'étais si décontenancée le jour où Sa Sainteté a reçu un visiteur qui était non seulement le leader de sa nation, mais une vraie reine, en chair et en os !

Il n'y avait rien eu de la préparation élaborée habituellement à l'avance. Qu'une simple visite de sécurité, une demi-heure plus tôt, ce qui paraissait ironique quand on sait que cette invitée faisait partie des personnages que le dalaï-lama avait particulièrement envie de rencontrer. Je l'avais déjà surpris en train de parler de la jeune reine et de son mari, et ce, en termes très élogieux. Non seulement cette reine était-elle extraordinairement ravissante, mais elle était mariée au roi du seul pays bouddhiste de l'Himalaya.

Je parle, naturellement, de la reine du Bhoutan.

Pour les lecteurs qui n'auraient pas passé toutes leurs années d'école à scruter l'atlas de la région himalayenne — de telles personnes existent-elles ? —, le Bhoutan est un petit pays à l'est du Népal, au sud du Tibet, et légèrement au nord du Bangladesh. C'est le genre de pays qui aurait pu attirer votre attention si, par inadvertance, un morceau de saumon fumé était tombé de votre bagel à cet endroit précis sur la carte du monde. La même remarque pourrait s'appliquer à la moitié des pays européens, mais passer à côté du Bhoutan serait une terrible omission, car il s'agit, tout simplement, de ce qui se rapproche le plus de Shangri-La[5] sur Terre.

Royaume lointain et reculé, impénétrable derrière la chaîne himalayenne, le Bhoutan est demeuré sans devise nationale ni téléphonie, jusque dans les années 1960. La télévision n'a quant à elle fait son apparition qu'en 1999. La vie de ses habitants a traditionnellement été centrée sur l'art de cultiver

---

5. N.d.T. : Lieu imaginaire du roman de James Rollins, *Les Horizons Perdus,* décrit comme une oasis de verdure luxuriante et d'eau vive, perdue au milieu de sommets glacés.

la richesse intérieure plutôt que le bien-être matériel. C'est le roi du Bhoutan lui-même qui, dans les années 1980, a mis en place un système pour mesurer le degré d'avancement de son peuple en recourant à un indice de Bonheur national brut, plutôt qu'au Produit intérieur brut.

Terre de temples recouverts d'or et perchés au bord des falaises les plus escarpées, de drapeaux de prières flottant parmi les gorges les plus profondes, et de moines chantant dans des monastères du VIIe siècle parfumés à l'encens, le Bhoutan est empreint d'une qualité magique. Et la jeune reine avait de ce caractère extraordinaire quand elle est apparue dans la suite de Sa Sainteté.

J'étais à ma place habituelle sur le rebord de fenêtre, somnolant dans la lumière du matin, quand j'ai entendu Lobsang l'annoncer. Aux sons « Son Altesse Royale », j'ai roulé sur le dos et laissé ma tête pendre depuis le rebord.

Même en l'apercevant à l'envers, je pouvais voir qu'elle était la plus exquise de tous les êtres. Petite, la peau dorée, la chevelure longue, foncée et éclatante, elle captivait également par sa délicatesse. Dans sa kira bhoutanaise traditionnelle — une robe brodée d'ornements descendant jusqu'aux chevilles —, elle avait presque l'air d'une poupée. Néanmoins, la manière dont elle se déplaçait était naturelle et non recherchée, ce qui suggérait une grande chaleur humaine.

Je l'ai vue présenter à Sa Sainteté l'écharpe blanche traditionnelle, le visage humble et les mains posées sur le cœur en guise de dévotion. Après cet échange cérémonieux, elle a regardé autour de la pièce avant de s'asseoir, et elle m'a immédiatement aperçue.

Nos yeux se sont rencontrés, et bien que nous ne nous soyons regardés que brièvement, nous avons échangé quelque chose d'important. J'ai immédiatement su qu'elle était l'une des nôtres.

Une amoureuse des chats.

Lorsqu'elle s'est assise, il m'a semblé qu'elle a bien lissé sa kira sur ses cuisses en anticipation de ce qui allait se produire. Me roulant en bas de la fenêtre, j'ai atterri sur le tapis et j'ai exécuté une salutation au soleil, étirant copieusement mes pattes avant. Puis une salutation à l'opposé du soleil, faisant timidement frémir mes pattes arrière et dandiner ma queue, avant de me frayer un chemin jusqu'où elle était assise. Bondissant sur ses cuisses, je m'y suis immédiatement lovée, et elle a commencé à me caresser le cou, comme le feraient les vieux amis que nous savions intuitivement être l'un pour l'autre.

Seule une poignée d'êtres humains possèdent une compréhension innée des humeurs changeantes d'un chat : comment ce que nous voulons à un certain moment peut être très différent de ce que nous souhaitions ne serait-ce que quelques instants plus tôt. Certaines personnes savent intuitivement quand il est temps de cesser de caresser un chat, et ainsi éviter qu'il ne se retourne et ne leur serve un avertissement pointu et incisif — qui se concentre habituellement sur l'index. Une infime minorité comprend que le fait d'avoir dévoré une boîte de dinde grillée à nous en pourlécher les babines la veille, ne signifie pas que nous ayons le moindrement envie de la même nourriture le lendemain, ni même de la regarder.

N'était-ce pas Winston Churchill qui disait qu'un chat est une devinette, à l'intérieur d'une énigme, à l'intérieur d'une exquise fourrure de tendresse ? Non ? J'aurais pu jurer avoir récemment lu quelque chose à cet effet dans un article à son sujet. Et s'il ne l'a pas dit, il l'avait presque assurément pensé. Wikipédia devrait en être informé sur-le-champ !

Et ensuite, il y a Albert Einstein qui disait, me semble-t-il, que la musique et les chats étaient la seule échappatoire aux affres de la vie. Notez qu'au sujet des autres espèces d'animaux domestiqués, le plus grand penseur du XXe siècle est demeuré curieusement coi. Je vous laisse le soin, cher lecteur, d'en tirer vos propres conclusions.

Nous, les chats, nous ne sommes pas des bêtes robotisées pouvant être conditionnées à sauter ou à s'asseoir, ou encore saliver, à l'énonciation d'un ordre ou au son d'une cloche. Avez-vous déjà entendu parler du *chat* de Pavlov ?

Exactement où je voulais en venir. Le seul fait d'y penser est à peine imaginable !

Non, les chats sont en effet un mystère ; parfois même pour nous. La plupart des personnes sont disposées à nous vouer le même respect que celui qu'on accorde à ceux qui contribuent largement à la satisfaction humaine tout en en exigeant très peu. Ceux qui nous comprennent vraiment sont une véritable exception. Et la reine du Bhoutan fait partie de cette auguste minorité.

Après quelques caresses d'introduction, elle a joint le bout de ses doigts et elle a massé mon front avec ses ongles, envoyant des frissons d'un plaisir exquis tout le long de mon échine, et ce, jusqu'au bout de ma queue frémissante.

Je l'ai récompensée avec un profond ronronnement.

Sa Sainteté, qui s'était jusque-là poliment informée de la santé du roi et des autres membres de la famille royale bhoutanaise, m'a jeté un regard. C'était son habitude de demander à ses visiteurs s'ils préféraient ne pas m'avoir dans la pièce. Certains êtres humains, semble-t-il, sont aux prises avec une allergie aux chats, que l'on dit aussi dévastatrice qu'une réaction violente, par exemple, aux truffes belges, au café italien ou à Mozart. La reine m'apportait tant d'attention que le dalaï-lama n'a eu aucun besoin de le lui demander, mais penchant la tête en ma direction, il a dit :

— C'est tout à fait exceptionnel. Je ne l'ai jamais vue adopter quelqu'un aussi rapidement ! Elle doit vraiment vous aimer.

— Et je l'aime aussi, répondit son Altesse Royale. Elle est magnifique !

— Notre petite lionne des neiges.

— Je suis sûre qu'elle vous apporte de grandes joies.

Du bout des doigts, la reine massa mes oreilles anthracite avec tout juste le bon degré de fermeté.

— Elle a une grande personnalité ! dit Sa Sainteté avec un petit rire.

La conversation se poursuivit et la reine aborda les diverses pratiques qui existent en matière de Dharma. Pendant qu'ils parlaient, elle continuait ses massages délicieux, et je me retrouvai bientôt dans un état de bonheur semi-conscient, la conversation entre les deux se jouant bien au-dessus de ma tête.

Au cours des dernières semaines, j'avais fait un effort honnête en ce qui a trait à mes méditations quotidiennes, surtout après la semonce que nous avait servie Geshe Wangpo. Je m'étais également déplacée au temple à quelques reprises, assistant aux enseignements d'une série de lamas de renom. Chaque fois, un aspect différent de la pratique en matière de Dharma était abordé. Et à chaque occasion, la pratique semblait très importante.

Le développement de l'esprit est à la base de toutes les activités bouddhistes, et nous sommes encouragés à nous forger une solide capacité de concentration, non seulement en méditant, mais en pratiquant la pleine conscience tout au long de la journée. Comme un des lamas l'a expliqué, si nous ne sommes pas objectivement conscients de nos pensées à chaque instant de notre vie, mais que nous nous laissons au contraire submerger par elles, comment pourrions-nous commencer à les changer? « Nous ne pouvons gérer ce que nous ne contrôlons pas », avait-il dit. La pleine conscience, semble-t-il, est une pratique fondamentale.

Un autre professeur avait expliqué comment les six perfections sont au cœur même de notre tradition. Si nous n'arrivions pas à pratiquer la générosité, l'éthique et la patience, pour ne nommer que celles-là, à quoi servirait-il d'apprendre des textes ou de réciter des mantras? Sans vertu, avait dit le professeur, aucune de nos autres activités relatives au Dharma ne serait déterminante.

Puis un autre lama avait expliqué comment la sagesse inhérente à la nature de la réalité distinguait les enseignements de Bouddha de tous les autres. La façon dont le monde nous apparaît est illusoire, avait-il avancé, et la compréhension de cette vérité très subtile exige beaucoup d'écoute, de réflexion et de méditation. Seuls ceux qui comprennent la vérité directement, et non de façon conceptuelle, peuvent atteindre le nirvana.

Tandis que mes pensées continuaient d'alterner entre la conversation qui se déroulait au-dessus de ma tête et ce que j'avais dernièrement appris au temple, je me suis souvenu de l'enseignement que j'avais reçu la veille. Là, dans le temple légèrement éclairé, avec d'innombrables bouddhas et de bodhisattvas en forme de statues et de tentures pour veiller sur nous, un des yogis les plus vénérés du monastère de Namgyal avait décrit la riche tradition ésotérique des pratiques tantriques, y compris celles qui se concentrent sur la Tara blanche et la médecine bouddhique. Chacune des pratiques s'accompagne de son propre texte, ou *sadhana*, à réciter, de même que de mantras et de visualisations à pratiquer. Certains tantras sont d'une importance cruciale, disait le yogi, si nous souhaitons parvenir à l'éveil rapidement.

Qui ne le voudrait pas ?

Plus je me renseignais sur le bouddhisme tibétain, plus je me rendais compte que j'en connaissais très peu. Personne n'aurait pu nier que les enseignements étaient stimulants et attrayants, qu'il y avait toujours quelque pratique nouvelle et fascinante pour surgir sans qu'on s'y attende. Mais je sentais également que j'y perdais le nord.

Moi qui n'étais qu'à moitié consciente de la conversation qui se poursuivait au-dessus de moi, je suis retournée à la pleine conscience quand j'ai entendu la reine dire :

— Votre Sainteté, il y a tellement de pratiques différentes dans notre tradition. Laquelle est la plus importante ?

C'est comme si elle avait lu dans mes pensées ! C'était *ma* question, formulée plus simplement dans ma tête. Mais c'était bel et bien ce que je voulais savoir !

— Sans aucun doute, la pratique la plus importante est le *bodhicitta*, dit le dalaï-lama sans hésitation.

— Le souhait d'atteindre l'illumination afin de mener tous les êtres vivants à ce même état, confirma-t-elle.

Il hocha de la tête.

— Cet esprit d'illumination est basé sur une compassion pure et incommensurable, qui à son tour, est fondée sur un amour tout aussi pur et incommensurable. Dans chacun des cas, *pur* signifie impartial. Sans condition. Et *incommensurable* signifie qu'il s'étend à tous les êtres vivants, pas seulement à un petit groupe de personnes qu'il nous arrive d'aimer à un moment donné.

De notre point de vue, la seule façon d'apprécier un état de bonheur permanent et d'éviter toute douleur est d'atteindre l'illumination. C'est pourquoi le *bodhicitta* est considéré comme la plus altruiste des motivations. Nous souhaitons atteindre l'illumination non seulement pour nous-mêmes, mais pour aider chaque être vivant à faire de même.

— Une motivation très stimulante.

— Naturellement ! dit Sa Sainteté en souriant. C'est le travail de toute une vie de transformer l'esprit d'illumination d'une idée intéressante à une conviction sincère. Quand nous commençons, tout porte à croire que nous faisons semblant. Nous pouvons penser : « Qui puis-je bien berner en prétendant que je peux devenir un Bouddha et mener tous les êtres vivants à l'éveil ? » Mais peu à peu, nous acquérons une compréhension. Nous constatons que d'autres l'ont déjà fait. Nous développons une confiance en nos propres capacités. Nous apprenons à devenir moins autocentrés et plus alter-centrés.

— J'ai déjà entendu une définition intéressante provenant d'une personne sainte : « Une personne sainte est quelqu'un qui pense plus à autrui qu'à elle-même. » C'est juste, n'en convenez-vous pas ?

Son Altesse Royale hocha la tête avant de poursuivre son intervention.

— Être d'accord avec l'idée de bodhicitta est une chose. Mais de la mettre en pratique…

— Oui, être pleinement conscient du bodhicitta est très utile. Nous pouvons l'appliquer à tellement d'actions qui relèvent du corps, de la parole et de l'esprit. Notre vie quotidienne nous offre énormément de possibilités de pratiquer le bodhicitta, et chaque fois que nous le faisons, comme Bouddha le disait, l'impact positif sur notre esprit est sans commune mesure.

— Pourquoi cet impact est-il si grand, Votre Sainteté ?

Le dalaï-lama se pencha vers l'avant.

— Le pouvoir de la vertu est beaucoup, beaucoup plus fort que le pouvoir de la négativité. Et il n'y a pas plus grande vertu que le bodhicitta. Quand nous cultivons cet esprit, nous nous concentrons sur nos qualités intérieures, et non extérieures. Nous pensons au bien-être des autres, non seulement à celui de notre petit moi. C'est, vous voyez, une perspective panoramique ; elle n'est pas limitée par l'avenir à court terme de cette vie. Elle va à l'encontre de toutes nos pensées habituelles. Ce faisant, nous plaçons notre esprit sur une trajectoire très différente et très puissante.

— Vous dites que la vie quotidienne nous offre énormément de possibilités de pratiquer le bodhicitta ? demanda son Altesse Royale.

Le dalaï-lama opina du chef.

— Chaque fois que nous faisons quelque chose de bien pour quelqu'un d'autre, même si c'est une chose courante à laquelle on peut s'attendre, nous pouvons le faire avec cet état d'esprit : « Par cet acte d'amour, en rendant les autres heureux, puissé-je atteindre l'illumination afin de libérer tous les êtres vivants. » Chaque fois que nous pratiquons la générosité, qu'il s'agisse de donner à la charité ou de veiller sur un chat, nous pouvons penser la même chose.

À cet instant-là, je bâillai profondément. Le dalaï-lama et la reine rirent en cœur.

Puis, pendant qu'elle penchait la tête pour regarder dans mes yeux de saphir, Son Altesse Royale dit :

— C'est le karma, n'est-ce pas, qui amène certaines personnes et d'autres êtres dans nos vies ?

— Si le lien est très fort, parfois le même être peut revenir à plusieurs reprises, acquiesça le dalaï-lama.

— Certains pensent qu'il est idiot de réciter des mantras à haute voix à l'intention des animaux.

— Non, pas idiot, dit Sa Sainteté. Ça peut être très utile. Nous pouvons créer… — comment dit-on ? — une bonne empreinte karmique sur le continuum mental d'un être et lui permettre de mûrir lorsqu'il remplira les bonnes conditions dans l'avenir. Il y a des histoires, dans les écritures à propos d'adeptes de la méditation qui récitent des mantras à haute voix aux oiseaux. Dans leurs vies subséquentes, les oiseaux ont été attirés vers le Dharma et ont pu trouver l'illumination.

— Ainsi notre petite lionne des neiges doit avoir de très, très bonnes empreintes karmiques ?

— Assurément ! fit le dalaï-lama avec un large sourire.

C'est alors que la reine dit quelque chose qui semblait peu commun. Encore moins commun lorsque j'y repense aujourd'hui.

— Si un jour elle met bas ses propres chatons, murmura-t-elle, ce serait un très grand honneur d'en prendre un sous mon toit.

— Très bien ! dit Sa Sainteté en frappant dans ses mains.

— Je le pense vraiment !

Le dalaï-lama la regarda dans les yeux avec une expression de bienveillance océanique.

— Je m'en souviendrai, dit-il.

Quelques matins plus tard, je flânais dans le bureau des adjoints. Les téléphones étaient silencieux, le courrier du jour n'était pas encore arrivé.

Profitant de cette accalmie peu commune, Chogyal avait préparé du thé, que les deux hommes agrémentaient maintenant de plusieurs sablés écossais, gracieuseté de Mme Trinci.

— Bonjour, CDSS, me lança Chogyal alors que je me frôlais contre ses jambes en quête d'une caresse.

— Depuis combien de temps est-elle maintenant avec nous ? demanda Tenzin en se calant dans son fauteuil.

— Une année ? dit Chogyal en haussant les épaules.

— Plus longtemps que ça.

— C'était avant Kyïe Kyïe.

— Bien avant Kyïe Kyïe, répliqua Tenzin en prenant une bouchée de sablé avec une grâce toute diplomatique. N'était-ce pas plus ou moins avant la visite de ce professeur d'Oxford ?

— Je peux trouver la date exacte.

Chogyal se pencha sur son ordinateur et consulta son calendrier.

— Tu te souviens ? C'était le jour où Sa Sainteté rentrait d'un séjour aux États-Unis.

— Exact !

— Ce qui est arrivé il y a 13, 14… 16 mois.

— Si longtemps ?

— L'éphémère, rappela Chogyal en claquant des doigts.

— Hum.

— Pourquoi demandes-tu… ?

— Je pensais juste, dit Tenzin, qu'elle n'est plus un chaton. Quand elle a eu ses vaccins, on nous a proposé de la faire stériliser et de lui implanter une puce électronique.

— Je prends note qu'il nous faut contacter le vétérinaire, dit Chogyal en ajoutant ceci à sa liste de tâches quotidiennes. Vendredi après-midi, je devrais avoir du temps pour l'y conduire.

Ce vendredi après-midi, je me suis retrouvée sur les cuisses de Chogyal, sur la banquette arrière de la voiture du dalaï-lama, tandis que le chauffeur — mais n'en parlons pas — nous conduisait chez le très moderne vétérinaire, à Dharamsala. *Exit* les cages, les paniers ou les miaulements primitifs. J'étais, après tout, le chat de Sa Sainteté. Sur le chemin, en bas de la colline, j'ai montré un grand intérêt pour le tableau qui se déployait sous mes yeux, mes moustaches tressaillant de curiosité. Si quelqu'un avait besoin d'être apaisé, c'était bien Chogyal ; le pauvre s'agrippait nerveusement après moi, récitant des mantras à voix basse.

Le Dr Wilkinson, vétérinaire australien grand et élancé, me déposait bientôt sur la table d'examen, où il m'ouvrait la bouche, m'envoyait un faisceau lumineux dans les oreilles, et me soumettait à l'indignité d'une prise de température.

— Le temps nous a filé entre les doigts, dit Chogyal. Elle est avec nous depuis plus longtemps que nous pourrions le penser.

— Elle a reçu ses premiers vaccins, le rassura le vétérinaire. C'est l'essentiel. Elle a aussi perdu un peu de poids depuis la dernière visite, ce qui était la chose à faire. Son poil est en excellent état.

— Nous voudrions lui implanter une puce électronique. Et la stériliser.

— Une puce ? demanda le Dr Wilkinson en massant mon corps. C'est toujours une bonne précaution. Les gens nous apportent des animaux perdus à tout bout de champ, et nous n'avons aucun moyen de contacter leur propriétaire. C'est déchirant.

Il prit une pause, ses mains cessant de se déplacer sur mon corps.

— Mais nous devrons attendre pour la stérilisation.

Le front de Chogyal se plissa.

— Nous ne pensions pas la faire stériliser aujourd'hui…

— Six semaines. Peut-être un mois, dit le vétérinaire en lui jetant un regard entendu.

Chogyal ne comprenait toujours pas.

— Vous êtes à ce point complet pour des opérations ?

Le Dr Wilkinson secoua la tête avec un sourire.

— C'est un peu trop tard pour stériliser, mon ami, dit-il à Chogyal. Le chat de Sa Sainteté s'apprête à devenir maman.

— Comment va-t-on les appeler ? réagit le chauffeur quand Chogyal lui apprit la nouvelle sur le chemin du retour.

Chogyal haussa les épaules. Je suppose qu'il avait autre chose en tête. Comment il allait annoncer la nouvelle à Sa Sainteté, par exemple

— Micey-Toungs ? suggéra le chauffeur.

ÉPILOGUE

Les choses bougeaient au Café Franc. Des peintres d'enseignes, soudés à leurs échelles, travaillaient à la façade du restaurant depuis des jours. L'espace que Franc avait retenu pour une librairie avait été aménagé. D'après le bruit sourd des perceuses et des marteaux, et le va-et-vient incessant des ouvriers, toutes sortes de changements se produisaient derrière les panneaux qui s'étendaient du plancher au plafond.

À tout le monde qui le lui demandait, Franc expliquait que le Café Franc était sur le point de connaître un « renouveau majeur ». Il serait tout ce qu'il avait déjà été, mais en mieux. Il y en aurait plus pour les clients et on y trouverait une plus grande variété de produits. Ce serait un endroit encore plus agréable pour passer du temps.

Mais ce qui se passait réellement en coulisses demeurait entouré d'un profond mystère.

C'était là une métaphore qui convenait tout autant à ma vie du moment. J'allais devenir mère d'une portée de chatons. Les changements qui se produisaient dans mon corps étaient rapides et déterminants. Mais qu'est-ce que tout ça signifierait bien pour moi, je ne pouvais encore que le deviner. Combien de chatons aurais-je exactement? De quelle manière changeraient-ils notre vie à Jokhang? Auraient-ils l'apparence d'un Himalayen, d'un tigré, ou quelque chose entre les deux?

Une chose que je savais assurément, c'est que je jouissais du soutien inconditionnel de Sa Sainteté. Après notre visite chez le vétérinaire, quand Chogyal lui avait rapporté la nouvelle, le visage du dalaï-lama s'était illuminé.

— Oh… mais c'est extraordinaire !

Son expression avait quelque chose d'enfantin quand, émerveillé, il s'est penché pour me caresser.

— Une portée de petits lions des neiges. On ne s'ennuiera pas !

La question de mes propres origines — une énigme que je ne croyais pas possible de résoudre — était un autre domaine dans lequel un changement aussi soudain qu'inattendu était survenu. Dans les jours qui ont suivi la révélation de mes origines par Tashi et Sashi, Chogyal s'était arrangé pour qu'ils l'accompagnent lors de sa prochaine visite à Delhi, afin qu'ils puissent identifier la famille à laquelle ma mère avait appartenu. Ils ont trouvé la maison sans difficulté, mais l'accès était verrouillé et protégé par un dispositif de sécurité privé. Rien n'indiquait qu'une famille puisse actuellement y vivre. Aucun signe d'un félin en résidence non plus. On avait laissé une note à un des gardes de sécurité, mais une réponse se faisait toujours attendre.

Pour toutes sortes de raisons, je sentais que j'étais à l'aube d'un profond changement. Les plaques tectoniques de ma vie se déplaçaient : les choses ne seraient plus jamais les mêmes. Je ressentais une fébrilité, mais, en même temps, de l'appréhension. Avec l'image de Geshe Wangpo bien vive en ma mémoire, j'avais cependant tout ce qu'il fallait. J'allais en faire une transformation positive. Je n'allais rien m'épargner pour cela.

Et, entre autres, je n'allais rien manquer de la relance du Café Franc, ce projet qui avait été la cause de tant d'activités.

L'événement avait été programmé pour 18 h, mais je m'étais frayé un chemin en bas de la colline bien avant l'heure. Heureusement, ma plateforme d'observation n'avait pas été affectée par les changements, mais elle était maintenant dissimulée non pas derrière des écrans de sécurité, mais par de grandes feuilles de papier retenues ensemble avec un énorme ruban rouge.

Une foule de gens avait commencé à se former à l'intérieur du Café Franc quand je suis arrivée. Il y avait les résidents de McLeod Ganj — toujours une faune éclectique — dont les personnes de Jokhang que je connaissais. Mme Trinci était arrivée, directement de chez le coiffeur, où ses cheveux noirs avaient spécialement été arrangés pour l'occasion. Portant une robe, des bijoux en or et du kôhl aux yeux, elle avait ajouté un je-ne-sais-quoi de continental à sa personnalité si caractéristique.

Chogyal a également fait une apparition en tant qu'ancien gardien de Kyïe Kyïe. Franc lui montra bien vite le panier, sous le comptoir, où Kyïe Kyïe et Marcel, fraîchement lavés, portaient des boucles rouge et or autour du cou.

Pendant que les boissons coulaient librement et que des canapés étaient distribués, le bruit dans la pièce se faisait toujours plus fort. Dans la foule, j'ai repéré Mme Patel du Cut Price Bazaar; ces derniers temps, elle me saluait, mais sans nourriture et plutôt tristement, toutes les fois que je passais devant son magasin.

Sam était là également, positivement débonnaire, dans une chemise bleu foncé et une veste sport en toile blanche. Ces dernières semaines, il avait constamment été présent au Café Franc, lui et Franc ayant pris soin de superviser l'activité frénétique qui avait cours derrière les écrans. Depuis qu'il avait accepté l'offre de Franc, il avait fait de réels efforts pour se réinventer. Prenant en charge le projet de librairie, il avait convoqué une série de représentants du monde de l'édition, avait donné des instructions claires sur la disposition des points de vente relatifs aux cadeaux, et avait dirigé les marchands avec une nouvelle assurance. Je l'avais même vu réprimander un charpentier dont le travail n'était pas à la hauteur.

Tenzin était également dans la foule — une présence diplomatique qui s'adressait à deux visiteurs de l'université Harvard. Geshe Wangpo se tenait à l'avant de la salle, près du ruban, dans un cercle de moines supérieurs rattachés à Namgyal.

Franc était dans son élément, circulant au gré de sa fantaisie à travers la pièce. Mais exceptionnellement, aujourd'hui, une très belle femme dans la trentaine était à son bras.

La métamorphose de Franc s'était poursuivie depuis sa première rencontre avec Geshe Wangpo, et avait bien sûr été renforcée par les cours qu'il suivait au temple sur une base hebdomadaire. L'Om en or qu'il portait à l'oreille et ses ficelles de bénédiction avaient disparu depuis longtemps. Sa tête autrefois « ascétiquement » rasée arborait maintenant une tignasse étonnamment épaisse de cheveux épargnés par la calvitie. Et ses vêtements étaient moins ajustés, moins noirs.

Le plus grand changement n'était pas visible. Le despote qui faisait vivre un enfer à ses cuisiniers et à ses serveurs n'était plus. Non pas qu'il arrivait à mieux cacher ses élans d'impatience, mais plutôt que de les laisser culminer en une frénésie d'indignation légitime, il semblait maintenant confus quand cela se produisait. Il avait également fait fi de ses références incessantes au dalaï-lama et au Dharma. Les origines de Rinpoché n'étaient plus mentionnées, et je ne l'avais pas une seule fois entendu prononcer le mot « bouddhiste » depuis des semaines.

Mais qui, au juste, était la jeune femme à ses côtés ? Elle était venue au café deux fois cette semaine. La première fois, elle et Franc avaient passé plus de deux heures à discuter sérieusement sur la terrasse. La deuxième fois, il lui avait fait faire le tour de la cuisine, où elle avait passé un long moment à parler aux frères Dragpa, ainsi qu'à Kusali.

Ce soir, elle était resplendissante dans une robe corail, ses cheveux longs et noirs descendant le long du dos, avec des bijoux scintillants aux oreilles, au cou et aux poignets. Elle était la femme la plus exquise que j'aie jamais vue — ses traits dégageaient tant d'énergie et de compassion. Quand Franc la présentait aux gens, ils semblaient presque fondre en sa présence tellement elle était chaleureuse.

Demeurant étendue sur mon coussin de lotus entre le *Vogue* et le *Vanity Fair*, consciente des mouvements occasionnels dans mon ventre dilaté, je regardais les gens réunis avec un sentiment de profonde gratitude pour ce que je vivais en ce moment, et pour tout ce qui m'y avait menée.

Kyïe Kyïe, couché dans son panier sous le comptoir, était arrivé dans ma vie en même temps que Jack, le gourou du développement de soi. Grâce à eux, j'en étais venue à voir quelle sottise c'était que d'envier les vies apparemment merveilleuses des autres, et à voir que la vraie cause du bonheur était le souhait sincère de faire le bonheur des autres et de les aider à se libérer de toutes formes d'insatisfaction — l'amour et la compassion se trouvaient ici définis.

De Mme Trinci, j'avais appris que la seule connaissance de ces choses n'avait en soi que peu de valeur. La conscience que nous avons d'une vérité devait s'approfondir au point où elle induit un véritable changement dans nos comportements. Nous appelons cela une *prise de conscience*.

Grâce aux nombreuses personnes autour de moi qui pratiquent la pleine conscience, je me suis rendu compte à quel point il était essentiel de vivre le moment présent afin d'expérimenter toute la richesse qu'offre la vie quotidienne. Ce n'est qu'en étant pleinement conscients du présent que nous pouvons mettre en œuvre nos réalisations — et savourer chaque tasse de café à son maximum.

Franc m'avait amenée à tirer des leçons au sujet des boules de poil ; elles représentaient le danger de se vautrer dans le je, me, moi jusqu'au point d'en être malade. C'est également grâce à lui si j'ai pu découvrir que le Dharma n'a rien à voir avec le fait d'énoncer pompeusement des principes, de porter des vêtements tape-à-l'œil ou de s'autoproclamer bouddhiste ; le Dharma consiste bien plus à exprimer les enseignements de Bouddha dans nos pensées, nos paroles et nos actions quotidiennes.

Et tandis que l'énorme tâche d'aspirer à plus d'illumination peut parfois sembler intimidante, comme Geshe Wangpo nous l'avait rappelé, la paresse ou le manque de confiance n'avaient néanmoins pas leur place. Mener une vie authentique exigeait un regard franc et une voix forte !

Un invité brilla par son absence durant l'événement. Le dalaï-lama venait de rentrer d'un court séjour à l'étranger, et il roulait en direction de Jokhang depuis l'aéroport. Malgré tout, sa présence était palpable ; elle se manifestait à l'intérieur de chacun de nous dans la salle, réverbérant son message : « ma religion est la gentillesse ». En tant que bouddhistes tibétains, notre objectif central est le bodhicitta — la compassion et l'engagement à aider tous les êtres vivants à trouver le bonheur.

Les gens continuaient d'arriver au Café Franc. Je n'avais jamais vu l'endroit aussi plein. Les gens en étaient réduits à se tenir debout quand Franc s'est déplacé vers la petite plate-forme aménagée à l'avant pour la cérémonie commémorative.

Quelqu'un a fait tinter un verre très fort, et le brouhaha de la salle s'est rapidement changé en silence.

— Merci à chacun d'entre vous de vous être déplacé, dit Franc en jetant un coup d'œil aux visages apparaissant devant lui. C'est une journée très spéciale pour nous tous, de la communauté du Café Franc. Aussi, je n'ai pas une seule annonce à vous faire, mais bien trois.

La première est que la santé de mon père s'étant beaucoup dégradée, je dois quitter le Café Franc pour m'occuper de lui, annonça-t-il, accompagné de murmures de sympathie et de surprise dans la salle. Il se pourrait que je reste à San Francisco de 6 à 12 mois.

Geshe Wangpo, ai-je remarqué, hochait la tête en guise d'approbation.

— Quand j'ai compris pour la première fois je devais partir, je me suis demandé ce que j'allais faire avec le café. Je ne voulais pas avoir à le fermer (on entendit une onde de consternation dans la pièce), mais d'autre part, je savais qu'il ne pourrait pas fonctionner tout seul. Puis, il y a deux semaines, j'ai eu l'incroyable chance de rencontrer Serena Trinci. Elle arrivait tout juste d'Europe où elle avait dirigé les plus grands restaurants.

Il fit un geste vers la jeune femme en rouge qui l'avait accompagné toute la soirée. Elle lui répondit avec un large sourire.

— Serena a dirigé un restaurant à Bruges qui s'est vu décerner deux étoiles par le *Guide Michelin*, l'hôtel Danieli à Venise, et, récemment, une chaîne de brasseries parmi les plus branchées de Londres. Mais elle a fini par succomber au mal du pays, et elle est de retour à McLeod Ganj. Je suis ravi de vous annoncer qu'elle a accepté d'assurer la permanence pendant mon absence.

La nouvelle a été accueillie avec un tonnerre d'applaudissements dans la salle et Serena se prosterna pour montrer son appréciation. Mme Trinci regardait la scène, pouvant à peine contenir sa fierté maternelle.

— Pendant longtemps, je me suis demandé comment maximiser l'espace qui est ici.

Franc fit un geste en direction de l'espace qui était caché derrière lui.

— J'avais quelques idées, mais je ne savais pas comment les mettre en œuvre. Et puis, dans une autre de ces « coïncidences » étranges, la bonne personne est apparue au bon moment.

Il fit signe de la tête vers Sam, qui se tenait tout près.

— Ce que j'aimerais maintenant faire, c'est de demander à mon professeur et à mon invité d'honneur, Geshe Wangpo, de dévoiler formellement notre nouvelle section.

Sous une salve d'applaudissements, Geshe Wangpo rejoignit Franc sur la plate-forme et prit place devant la grande boucle rouge. Il était sur le point de la délier quand il s'est rappelé quelque chose.

— Oh, oui. Je suis heureux d'annoncer l'ouverture de cette nouvelle librairie, dit-il, son hésitation provoquant un certain amusement. Puisse son existence contribuer à ce que tous les êtres vivants connaissent le bonheur et évitent les souffrances.

Il tira sur le ruban et les panneaux de papier tombèrent, dévoilant des rangées resplendissantes de livres, des supports remplis de CD et un assortiment de cadeaux tout en couleurs. Il y eut une vague de cris et d'applaudissements fort enthousiastes. Franc souriait pendant que Geshe Wangpo faisait signe à Sam de les rejoindre sur le podium. Sam secoua vigoureusement la tête, mais Geshe Wangpo continua d'insister. Quand Sam parvint finalement à se hisser entre les deux hommes, les applaudissements se firent encore plus bruyants, jusqu'à ce que le lama lève sa main pour demander le silence.

— Les livres de ce magasin, dit-il en montrant les titres qui s'étendaient devant eux, sont plus qu'utiles. Je le sais parce que je les ai examinés. Je pense que dans les semaines qui suivent, plusieurs moines de Namgyal viendront visiter cette nouvelle librairie. Ils n'auront peut-être pas l'argent pour acheter, mais ils jetteront un coup d'œil.

Le visage impassible de Geshe Wangpo laissait maintenant place à l'allégresse.

— La personne qui a choisi les livres, dit-il en se tournant vers Sam, a énormément lu. Plus que certains lamas que je pourrais nommer. Il possède beaucoup de connaissances, mais il est un peu timide.

Il y avait une étincelle de malice dans les yeux du lama.

— Vous devrez donc être patients avec lui.

Plutôt que de baisser les yeux parce qu'embarrassé, Sam semblait stimulé par les remarques de

Geshe Wangpo. Souriant à son tour au lama, il regarda la foule rassemblée et, d'une voix forte, il dit :

— Nous avons une m-merveilleuse sélection de livres juste ici. Tous les vieux classiques, ainsi que quelques parutions toutes récentes. Je peux vous g-garantir que vous ne pourrez trouver meilleure section sur le développement personnel, même dans les plus grandes librairies américaines. J'espère tous vous rencontrer ici bientôt.

Une ronde d'applaudissements vint clôturer le discours de Sam. Près de lui, Geshe Wangpo lui souriait, énigmatique.

— Je suis persuadé que vous mourez tous d'envie d'entrer dans la nouvelle section, dit Franc en reprenant la parole, et que vous serez heureux d'apprendre que nous acceptons les cartes de crédit. Mais avant de vous laisser le champ libre, je voudrais vous révéler ma troisième annonce. Celle-ci prend effet immédiatement. À partir de maintenant, le Café Franc change de nom et il s'appellera *The Himalaya Book Café*. Nous avons une nouvelle enseigne sur la façade, laquelle sera dévoilée ce soir pour la première fois.

Nouvelle série d'applaudissements prolongés.

— Lorsque j'ai démarré mon entreprise ici, tout gravitait autour de la nourriture et, je dois bien l'admettre, autour de moi. Je suis heureux de vous apprendre que les choses ont changé. Nous sommes maintenant beaucoup plus qu'un restaurant. Et heureusement, l'établissement n'est plus l'affaire que d'un seul homme. C'est en fait un grand privilège de travailler avec l'équipe de personnes réunies ici : Jigme et Ngawang Dragpa à la cuisine, Kusali et son équipe aux tables, et maintenant, Sam et Serena.

Alors s'il vous plaît, tout le monde, appréciez la nourriture et les boissons ! Ne regardez pas à la dépense pour ce qui est des livres et des cadeaux ! J'espère tous vous revoir à mon retour de San Francisco !

La cérémonie battait maintenant son plein. Sam n'était pas encore derrière sa caisse enregistreuse que des gens faisaient déjà la file pour payer leurs achats. Dans le restaurant, Franc et Serena se promenaient parmi les invités tandis que les serveurs s'assuraient que le vin et le champagne coulent à flots. Le restaurant, maintenant transformé en grand magasin, n'avait jamais été si plein d'énergie, de rires et de joie de vivre.

Comme c'était différent de la première fois où j'avais visité le Café Franc et où on m'avait presque catapultée hors des lieux. Que serait-il arrivé, me suis-je demandé, si je n'avais pas fait irruption ici dans l'attente naïve d'un repas délicieux ? Si Kyïe Kyïe n'avait pas eu besoin d'une nouvelle demeure, ou si Franc n'était pas devenu un disciple de Geshe Wangpo ? Et Sam, s'il n'était pas arrivé au bon moment ?

Il y avait quelque chose de mystérieux et de tout à fait délicieux au sujet de la série d'événements qui avaient conduit là où nous en étions aujourd'hui.

Et au sujet des événements qui étaient encore à venir.

Plus tard dans la soirée, alors que la ruée initiale vers la librairie s'était estompée, Serena alla rejoindre Sam, jusqu'à cet endroit qui lui conférait un point de vue impérieux sur les invités.

— Quelle merveilleuse soirée ! dit-elle, rayonnant de bonheur.

— N'est-ce pas ?

J'ai remarqué que Sam parvenait à ne pas fixer le plancher, mais à la regarder directement dans les yeux, un sourire désemparé aux lèvres.

Puis ils commencèrent tous deux à parler en même temps.

— Vas-y, dit-elle.

— N-n-non.

Il fit un geste en sa direction.

— J'insiste. Toi, d'abord.

De ma position privilégiée, je pouvais voir le rouge envahir le cou de Sam. Comme les nuages qui fusionnent avant la tempête, les taches se fondaient maintenant ensemble afin de ne former qu'une vague cramoisie, laquelle s'élevait de façon constante vers le menton, avant de s'arrêter subitement.

— J'allais simplement suggérer..., commença-t-il, plus fort que nécessaire. Qu'étant donné que nous allons travailler ensemble...

— Oui ? le pressa Serena.

Tandis qu'elle ramenait sa chevelure vers l'arrière, ses boucles d'oreille brillaient sous l'éclairage.

— Que ce serait une bonne idée, mais seulement si tu as le temps...

— Oui ?

Elle hocha la tête de manière à l'encourager.

— Je veux dire… Peut-être qu'on pourrait se voir à un moment donné. Peut-être pour un repas ?

— J'allais justement te proposer la même chose, dit-elle en riant.

— Vraiment ?

— Ce serait très agréable !

— Vendredi soir ?

— Excellent ! fit-elle en l'embrassant délicatement sur la joue.

Sam serra son bras.

Au même moment, Franc émergea de la foule qui était derrière eux. Lorsque ses yeux croisèrent ceux de Sam, au-dessus de l'épaule de Serena, Franc lui fit un clin d'œil.

De retour à la maison ce soir-là, j'ai repris ma position habituelle sur le rebord de fenêtre. Le dalaï-lama, rentré de Delhi, se reposait dans son fauteuil à proximité, lisant un livre.

La fenêtre était ouverte et, en plus du frais parfum de pin, il semblait y avoir autre chose dans l'air. Un espoir quant à l'avenir.

Observant Sa Sainteté qui lisait, je ne pouvais m'empêcher de penser, comme je le fais si souvent en de pareils moments de contemplation, à quel point j'étais chanceuse d'avoir été sauvée par un homme de cette trempe. Les images de cette journée fatidique dans les rues de New Delhi surgissaient toujours, spontanément, dans mon esprit. Surtout ces derniers instants où on m'avait enveloppée dans du papier journal et où ma force vitale était sur le point de me quitter.

— Extrêmement intéressant, ma petite lionne des neiges, me fit remarquer le dalaï-lama au bout d'un certain temps.

Puis il ferma son livre avant de venir me câliner.

— Je suis en train de lire sur la vie d'Albert Schweitzer, à qui on a attribué le prix Nobel de la paix en 1952. C'était un homme très compatissant, très sincère. Je viens juste de lire quelque chose qu'il a dit : « À certains moments de notre vie, notre propre lumière s'éteint et se rallume par l'étincelle d'une autre personne. Chacun d'entre nous doit une profonde gratitude à ceux qui ont allumé la flamme en nous. » Je suis bien d'accord avec ça. Et toi CDSS ?

Fermant les yeux, j'ai ronronné.

AU SUJET DE L'AUTEUR

David Michie est l'auteur à succès de *Bouddhism for Busy People, Hurry Up and Meditate,* et *Enlightenment to Go.* Tous ces titres ont été publiés internationalement et traduits en plusieurs langues. David est né au Zimbabwe, il a étudié à l'université Rhodes en Afrique du Sud, et a habité Londres pendant 10 ans. Il est marié et vit maintenant à Perth, en Australie.

www.davidmichie.com

Ce livre vous a plu ?

Découvrez la suite des aventures de CDSS !

272 pages

8,90 €

Cet ouvrage est composé de matériaux issus de forêts gérées durablement certifiées PEFC™.
Le Programme de reconnaissance des certifications forestières (PEFC™) est le plus grand organisme mondial indépendant de contrôle pour une gestion durable des forêts. Pour en savoir plus, consultez le site www.pefc-france.org

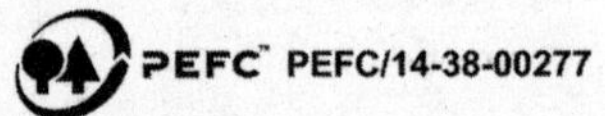

Achevé d'imprimer en mars 2022
par Novoprint
Dixième tirage
Dépôt légal : mai 2017

Imprimé en Slovaquie